基础会计

JICHU KUAIJI

陈苑　李磊　◎编著

暨南大学出版社
JINAN UNIVERSITY PRESS

中国·广州

图书在版编目（CIP）数据

基础会计/陈苑，李磊编著．—广州：暨南大学出版社，2011.8
ISBN 978-7-81135-963-3

Ⅰ．①基…　Ⅱ．①陈…　②李…　Ⅲ．①会计学—高等学校—教材
Ⅳ．①F230

中国版本图书馆CIP数据核字（2011）第174403号

出版发行：暨南大学出版社

地　址：中国广州暨南大学
电　话：总编室（8620）85221601
　　　　营销部（8620）85225284　85228291　85228292（邮购）
传　真：（8620）85221583（办公室）　85223774（营销部）
邮　编：510630
网　址：http：//www.jnupress.com　http：//press.jnu.edu.cn

排　版：广州市天河星辰文化发展部照排中心
印　刷：广州桐鑫印刷有限公司

开　本：787mm×1092mm　1/16
印　张：10.75
字　数：212千
版　次：2011年8月第1版
印　次：2011年8月第1次
印　数：1—3000册

定　价：23.80元

目 录

第一章

总　论

学习目标

明确会计的定义、特点，基本职能与目标，熟悉会计假设及会计核算方法，了解会计的发展过程。

第一节　会计的概念与特点

一、会计的概念

思考：是不是我们身边所有的单位都有会计行为呢？会计帮助企业解决什么样的问题？

其实，会计并不是人们想象出来的一门学科，它是社会经济不断发展的必然产物。远古时代，人们在洞壁上刻画动物图形，用来表示打猎的劳动成果和耗费；在当今社会，每一个企业都需要用一种方法去记录日常经济业务，这种方法就是会计。当然，会计并不仅仅具有这样简单的功能，从小的方面说，它保证了企业正常经营，提高了公司治理效率；从大的方面说，它维护了国民经济持续、健康平稳运行，也让我们的社会更加和谐地发展。

国内外对会计定义的表述不一，这是因为随着社会和经济的迅速发展，会计的职能及其包括的内容也在迅速地发展变化。现代社会，我们可以将会计的概念表述为：会计是以货币为主要计量单位，以提高经济效益为主要目标，运用专门方法对企业、机关、事业单位和其他组织的经济活动进行全面、综合、连续、系统的核算和监督，提供会计信息，并伴随着社会经济的日益发展，逐步开展预测、决策、控制和分析的一种经济管理活动，是经济管理工作的重要组成部分。简言之，会计是以货币为主要计量单位，核算和监督一个单位经济活动的一种经济管理工作。

从会计信息使用者的角度看，以提供信息为目的的企业会计可以分为“财务会计”和“管理会计”两个部分。财务会计主要侧重于向企业外部关系人提供有关企业财务状况、经营成果和现金流量情况等信息；管理会计主要侧重于向企业内部管理者提供进行经营规划、经营管理、预测决策所需的相关信息。

二、会计的特点

会计与其他管理活动相比有如下特点：

（一）以货币作为主要计量尺度

原始的会计计量采用实物量度和劳动量度对经营活动和财务收支进行计算和记录，随着社会生产的日益发展，会计从简单的计量和记录逐步发展成为以货币为计量单位来综合核算和监督经济活动的过程。因此，在会计核算中，将货币作为主要的计量单位。

（二）会计记录要有真凭实据

为了保证会计资料的真实完整，明确相关人员的经济责任，在会计核算过程中，一切会计记录都要有真凭实据，从原始凭证到记账凭证，从账簿记录到会计报表，都要依次真实地进行登记。

（三）会计反映应当连续、系统、全面和综合

连续性是指会计必须以经济活动发生的顺序连续地、不间断地进行记录；系统性是指会计要对发生的经济活动进行科学的分析和整理，保证所提供的会计数据资料能够成为一个有序的整体；全面性要求会计记录应当充分、完整，没有遗漏；综合性要求提供会计信息时，应当对会计记录进行适当的整理、归纳和提炼，以便产生总括和有用的信息，满足不同信息使用者的需求。

（四）会计的基本职能是核算和监督相结合

会计监督是对会计核算的继续和补充，对经济活动具有促进、控制、考核和指导作用，两者不能分离。

第二节　会计的职能与目标

一、会计的基本职能

会计的职能是指会计在经济管理过程中所具有的功能。根据会计的特点和宏观经济的要求，会计的职能可以概括为：综合核算和监督经济活动，参与预测、决策，并对经济活动进行控制和分析。会计的基本职能是核算和监督。

（1）会计的核算职能。会计的核算职能是指通过确认、计量、记录、报告等环节，对特定主体的经济活动进行记账、算账、报账，为信息使用者提供经济信息的功能。

（2）会计的监督职能。会计的监督职能是指会计人员在进行会计核算的同时，对特定主体经济活动的真实性、合法性和合理性进行审查。

会计核算和监督的职能相辅相成，会计核算是会计监督的基础，会计监督是会计核算的继续。没有会计核算，会计监督就失去了依据；没有会计监督，就无法保证经济活动按规定的要求进行，发挥应有的作用。

二、会计目标

会计目标是指在一定历史环境下，人们通过会计实践活动所想要达到的境地或标准。我国会计目标与社会主义市场经济体制相适应，有其自身的特殊性。我国财务会计的目标可概括为以下三个方面：

（1）会计要向企业外部利益相关者提供反映企业财务状况、经营业绩和现金流量的会计信息，为其进行投资、信贷及其他有关经济决策服务。

（2）会计要向政府有关部门提供国家进行宏观经济调控和管理所需要的会计信息。

（3）会计要向企业管理者提供管理所需要的信息。

第三节　会计假设与会计核算方法

一、会计假设

会计假设又称会计基本前提，它是指进行会计核算工作必须具备的前提条件。因为会计工作所处的社会经济环境非常复杂，为了保证它能反映出客观合理的信息，就要对会计所处的时间和空间范围作出合理假定。比如，企业一般是持续经营下去的，但是为了核算它的损益，就必须人为地将企业的经营过程划分为一定的期间，即会计核算期间，会计资料就反映此期间内企业的经营状况与成果。会计假设包括会计主体、持续经营、会计分期和货币计量。

（一）会计主体假设

会计主体是指会计工作核算和监督的特定单位或组织。通过这个假设，界定了会计核算的空间范围，明确了会计人员为谁核算以及核算哪些经济业务等问题。

今后的章节中我们经常要引用案例，比如甲企业是一家生产水泥的厂家、乙公司是一家玩具批发企业，它们是两个不同的会计主体，所以它们的会计业务是分别进行核算的。

会计主体和我们平常说的企业法人是不同的概念。一般说来，法人可作为会计主体，但是会计主体不一定就是法人。例如，一些企业集团下属多个子公司，子公司都是法人，但是为了经营管理的需要，为了反映整个集团的经营成果和财务状况，就要将所有子公司连同母公司作为一个会计主体，编制财务报表，企业集团是一个会计主体，但它不是独立的法人。

（二）持续经营假设

持续经营是指企业会按照当前的规模和状态持续经营下去，不考虑停业、破产等情况。这个假设界定了会计核算的时间范围。事实上，在市场激烈竞争的环境下，企业总是可能存在关闭、破产等情况而无法经营下去，但是作出这样的假设，才能选择和确定相对稳定的核算程序与方法，才能对会计主体的生产经营活动客观地予以确认、计量和报告。否则，一些公认的资产计价、收益确认原则就会失去存在的基础而无法在会计工作中使用。

（三）会计分期假设

会计分期是指人为地将会计持续经营的过程等距离划分为一定期间，以便分期结算账目、编制财务会计报告以及对会计信息进行比较和分析。会计期间分为年度和中期。中期是指短于一个完整的会计年度的报告期，如半年度、季度和月度。在我国其起讫的日期按公历日期，即从公历 1 月 1 日起至 12 月 31 日止。

会计分期假设和持续经营假设是紧密联系的，虽然企业的经营活动周而复始地进行，从理论上说要计算会计主体的利润实现情况，只有等到所有生产经营活动最终结束时才能通过收入和费用的归集与比较，进行准确的计算。但是，企业需要将经营的情况及时反馈给各个方面，所以我们将持续的经营时间划分成较短期间，以便及时向信息使用者提供信息，这样就产生了会计分期假设。

会计分期假设对确定会计核算程序和方法具有重要的意义，有了会计分期假设才有了本期与非本期的区别，才产生了收付实现制和权责发生制这两种可供选择的记账基础，才产生了如分期计提折旧、摊销费用及配比等会计处理方法。

（四）货币计量假设

货币计量假设是指会计主体在财务会计确认计量和报告时采用货币作为统一的计量单位，反映会计主体的生产经营活动。基于货币具有价值尺度、流通手段、储藏手段和支付手段等特点，用货币作为计量单位，能全面地反映企业的财务状况、经营成果和现金流量等会计信息。我国《企业会计准则》明确规定，在我国，人民币是法定货币，企业通常以人民币为记账本位币。业务收支以人民币以外的货币为主的企业，也可以选定其中一种外币为记账本位币，但编制财务会计报告时应当折算为人民币进行反映；在境外设立的中国企业向中国有关部门提送财务会计报告，应当折算为人民币进行反映。

上述会计核算的四项基本假设，分别界定了会计核算的空间、时间、期间和度量单位，四者相互联系、相互补充。

二、会计处理基础

会计处理基础包括权责发生制和收付实现制。

（一）权责发生制

权责发生制又称应计制或应收应付制，是以收入和费用的发生为标准确定收入和费用归属期的一种会计处理基础。按照权责发生制的要求，凡是应属于本期的收入，不论款项是否已经实际收到，都作为本期收入处理，凡是不应归属本期的收入，即使款项已经实际收到，也不作为本期收入处理；凡是本期应当负担的费用，不论款项是否实际支付，都作为本期费用处理，凡是不应属于本期负担的费用，即使款项已经实际支付，也不作为本期费用处理。

（二）收付实现制

收付实现制与权责发生制相对应，又称实收实付制，它是以款项的实际收付为标准来确定本期收入和费用的一种会计处理基础。当期收入和付出的款项就作为当期的收入和费用，反之，则不作为当期的收入和费用。

思考：权责发生制和收付实现制有什么区别？它们各自有何优点？

例如，立林公司于2009年12月支付了下一年1～6月的厂房使用租金18 000元，这项资金如果用权责发生制来记录，就是每个月支付费用3 000元，但是在收付实现制下，支付租金时立即记为支出，而在2010年的每个月就不再记录此项支出了。

从上面的例子可以看出，收付实现制手续简单，但是损益的计算不合理，而权责发生制能够将收入和费用相配比，正确计算期间损益，所以它提供的会计信息更加准确、完整。我国《企业会计准则——基本准则》明确指出："企业应当以权责发生制为基础进行会计确认、计量和报告。"

三、会计核算方法

会计的核算方法是会计方法的一种，除此之外，会计的方法还有会计监督方法、会计分析方法、会计检查方法、会计预测方法和会计决策方法。前面已述及会计的处理方法及核算方法的基础是权责发生制和收付实现制。会计的核算方法是对会计对象进行完整、全面、连续、系统记录的方法，包括设置会计科目及账户、复式记账、填制与审核会计凭证、设置与登记账簿、成本计算、财产清查、编制财务报表七种。它们之间的关系如下图所示：

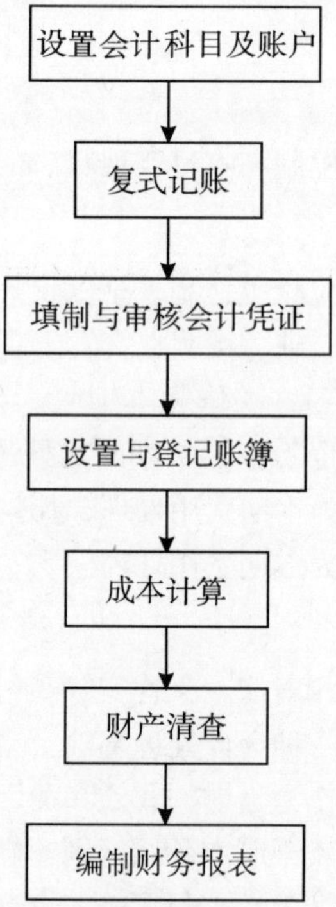

七种会计核算方法

上图中我们看到七种会计核算方法紧密关联，进行会计核算时，首先要完成科目及账户的设置，然后使用账户进行复式记账，填制凭证，根据记账凭证的内容登记账簿，会计期末还要进行成本计算和财产清查，在账实相符的基础上编制财务报表。后面的章节中我们将继续讲解七种会计核算方法的具体内容。

复习思考题

1. 会计的概念是什么？
2. 会计有哪些区别于其他管理方法的特点？
3. 会计的基本职能与衍生职能是什么？
4. 收付实现制与权责发生制的区别是什么？
5. 会计的核算方法包括哪些？

一、名词解释

1. 会计　2. 会计的基本职能　3. 会计分期　4. 会计的核算方法

二、填空题

1. 会计是以____为主要计量单位，以__________为主要目标，运用______对企业、机关、事业单位和其他组织的经济活动进行全面、综合、连续、系统的______和______，提供会计信息。

2. 以提供信息为目的的企业会计可以分为“______”和“______”两个部分。

3. 会计假设包括________、持续经营假设、________和________四项内容。

4. 在我国，企业通常以________为记账本位币。

5. 权责发生制是以收入和费用的______为标准确定收入和费用归属期的一种会计处理基础。

6. 会计核算的方法包括______、______、________、______、______、______、编制财务报表。

三、单项选择题

1. 会计的基本职能是（　　）。

A. 核算与预测　B. 核算与监督

C. 预测与决策　D. 反馈与分析

2. 会计核算使用的计量单位是（　　）。

A. 实物计量　B. 时间计量

C. 货币计量　D. 劳务计量

3. 下列各项中，不属于会计期间的中期的是（　　）。

A. 年度　　B. 季度

C. 半年度　　D. 月度

4. 下列选项中，不属于会计核算方法的是（　　）。

A. 填制与审核会计凭证　　B. 设置与登记账簿

C. 编制财务报表　　D. 编制财务预算

5. 在会计核算的基本前提中，界定会计工作与会计信息的空间范围的是（　　）。

A. 会计主体　　B. 持续经营

C. 会计期间　　D. 货币计量

6. 下列关于会计处理基础表述正确的是（　　）。

A. 我国事业单位和行政单位采用收付实现制会计要素及其确认

B. 收付实现制要求企业凡不属于当期的收入和费用，即使款项在当期收付，都不应作为当期的收入或费用

C. 权责发生制要求企业凡是当期已经实现的收入和已经发生或应当负担的费用，无论款项是否收付，都应当作为当期的收入和费用

D. 权责发生制是以收到或支付现金作为确认收入和费用的依据

7. 下列有关会计主体的表述不正确的是（　　）。

A. 企业的经济活动应与投资者的经济活动相区分

B. 会计主体可以是独立的法人，也可以是非法人

C. 会计主体可以是营利组织，也可以是非营利组织

D. 会计主体必须有独立的资金，并独立编制财务报告对外报送

8. 确认4月份的广告费用10万元，用银行存款支付6万元，4万元未付。按照权责发生制和收付实现制分别确认费用（　　）。

A. 6万，10万　　B. 10万，0万

C. 10万，4万　　D. 10万，6万

四、多项选择题

1. 会计活动的特点有（　　）。

A. 以货币作为主要计量尺度

B. 会计记录要有真凭实据

C. 会计反映应当连续、系统、全面和综合

D. 会计的基本职能是核算和监督相结合

2. 下列各项中，属于会计核算的基本前提的有（　　）。

A. 会计主体　　B. 持续经营

C. 会计分期　　D. 货币计量

3. 下列组织可以作为一个会计主体进行核算的有（　　）。

A. 合伙企业　　B. 分公司

C. 股份有限公司　　D. 母公司及其子公司组成的企业集团

E. 某公司财务部

4. 会计方法包括（　　）。

A. 会计核算方法　　B. 会计分析方法

C. 会计检查方法　　D. 会计计划方法

5. 会计的新职能主要有（　　）。

A. 控制　　B. 分析　　C. 核算

D. 监督　　E. 预测　　F. 决策

五、判断题

1. 会计主体必须是法律主体。(　　)

2. 会计主体前提为会计核算确定了空间范围，会计分期前提为会计核算确定了时间范围。(　　)

3. 根据《企业会计制度》的规定，会计期间分为年度、半年度、季度和月度，所谓的会计中期指的是不足一年的会计期间，半年度、季度和月度都属于会计中期。(　　)

4. 按照权责发生制原则的要求，凡是本期实际收到款项的收入和付出款项的费用，不论是否归属于本期，都应当作为本期的收入和费用处理。(　　)

5. 业务收支以外币为主的单位，可以选择某种外币作为记账本位币，并按照记账本位币编制财务会计报告。(　　)

六、简答题

1. 目前我国财务会计的基本目标是什么?

2. 权责发生制和收付实现制的区别是什么?

3. 会计主体与法人的区别是什么?

第二章

会计科目、账户与复式记账

学习目标

了解企业资金运动的过程，理解会计要素、会计科目、会计账户的含义，掌握并运用会计等式、复式记账的方法记录企业的日常经济业务，使用试算平衡方法进行正确性的检查。

第一节　会计对象与会计要素

一、会计对象

会计对象是指会计核算和监督的内容。在社会主义制度下，社会再生产过程是由生产、分配、交换、消费四个相互关联的环节组成的资金运动过程。资金运动循环往复，周而复始，但是不同的行业，如工业、商业、农业、交通运输业，其会计对象的内容各有差异。

在制造业企业，资金投入企业后，主要按照供应、生产、销售三个阶段进行运动。在供应阶段，企业用货币资金购买材料作为生产储备，资金就从货币形态转化为储备资金形态。在产品生产过程中，原材料被消耗掉，劳动者也消耗了体力和智力，因此这个过程不仅是产品价值的形成过程，同时也是劳动耗费过程。随着产品生产过程的结束，产品价值产生，生产资金再转化为产成品形态的成品资金。在产品销售过程中，通过产品销售，取得货币收入，使产品价值得以实现，企业的资金又从产成品形态转化为货币资金形态。

商品流通型企业的经济活动主要是商品购进和商品销售两个阶段，没有生产过程。在购买阶段，资金由货币形态转化为商品形态，通过销售再由商品形态转化为货币形态。

机关、事业单位的会计对象内容与企业有所不同，它们的经济活动是执行国家预算过程中的预算收入和预算支出，资金预算支出以后就退出单位或形成单位内部新的财产，其资金运动形式为：资金收入——→资金付出。

二、会计要素

在前一节我们提到会计对象内容繁多，涉及面广，为了便于会计核算，必须对其进行进一步分类，这样可以为建立会计科目和设计财务报表提供依据。因此，会计要素是对会计对象的具体分类，是财务报表的基本框架内容。

我国的企业会计要素由资产、负债、所有者权益、收入、费用、利润六项构成。其中前三项静态地反映了企业在一定时点上（月末、季末、半年末、年末）的财务状况，而后三项动态地反映了企业在一定期间（月度、季度、半年度、年度）的经营成果。企业会计要素的基本内容如下：

（一）资产

资产是指由过去的交易、事项形成的，由企业拥有或控制的，能以货币计量的，预期能给企业带来经济利益的资源。根据资产的定义，一项资产必须具备的基本特征包括：①资产是企业过去的交易或者事项形成的，这里的交易或者事项包括购买、生产、建造等活动，但不能根据预计将要发生的交易或者事项来确认资产；②资产是企业所拥有的或者控制的资源，如货币、建筑物、机器设备、材料等，或者融资租入的固定资产、专利权等；③预期能给企业带来经济效益，如出售产品直接取得经济效益以及对外投资获得的股利等。

资产按照流动性分为流动资产、非流动资产两类：

（1）流动资产是指现金以及其他能在一年或一个营业周期内变现或被耗用的资产。一个营业周期是指企业从资金投入到收回的过程，一般企业在一年内有几个营业周期，但某些行业比如造船业、机械制造业的营业周期可能长于一年，其资产按营业周期来划分。流动资产通常包括库存现金、银行存款、应收票据、应收账款、预付账款、交易性金融资产、存货等。

库存现金是留在企业里的现金，银行存款是企业在银行或其他金融机构的存款。库存现金和银行存款都是货币形态的流动资产。

交易性金融资产主要是指企业为了近期内出售而持有的金融资产，如企业以赚取差价为目的从二级市场购入的股票、债券、基金等。

存货是指企业在生产经营过程中为销售或者耗用而储存的各种资产。工业企业的存货包括原材料、燃料、辅助材料、包装物、低值易耗品、停留在生产过程中的未完工产品或者已经生产完毕的完工产品等。

（2）非流动资产是指不符合流动资产标准的各项资产，包括固定资产、无形资产、长期股权投资、长期待摊费用和其他资产。值得注意的是，长期投资中一年内到期的长期债券投资应视为流动资产。

固定资产是为生产商品提供劳务、出租或经营管理而持有的使用寿命超过一个会计年度的有形资产，包括房屋、建筑物、运输设备、工具设备等。固定资产的外部形态不发生明显变化，但是会随着生产的进行而慢慢地损耗，价值被不断转移到成本中去，并逐步从销售收入中得到补偿。

无形资产是不具有实物形态的资产，如专利权、商标权、著作权、特许权、土地使用权、商誉等。此类资产虽然看不见摸不着，但是它同样为企业带来利益，并且可以出售或者转让。

长期股权投资是企业取得并准备长期持有的各种权益性投资，包括在证券市场购买的股票或是将货币资金、实物资产直接投资到某企业取得的被投资企业的股权。

长期待摊费用是指企业发生的不能全部记入当年损益，应当在以后年度继续摊销的各项费用。

企业资产的构成及分类情况如图 2－1 所示：

- 流动资产
  - 库存现金
    - 货币资金
    - 银行存款
    - 其他货币资金
  - 交易性金融资产
  - 应收及预付款项
    - 应收票据
    - 应收账款
    - 预付账款
  - 待摊费用
  - 存货
    - 原材料
    - 库存商品
    - 包装物
    - 低值易耗品
- 非流动资产
  - 固定资产
  - 无形资产
  - 长期股权投资
  - 长期待摊费用
  - 递延所得税资产

图 2－1　资产构成分类

（二）负债

负债是指企业过去的交易或者事项形成的，预期会导致经济利益流出企业的现时义务。一项负债必须具备的基本特征包括：①负债是由过去发生的交易或事项引起的、企业目前实际所承担的经济责任，如购货的应付账款、借入的款项等。企业正在筹划的未来发生的交易或事项形成的义务，不属于现时义务，不应作为负债。②负债的清偿会导致企业经济利益的流出，企业目前所承担的负债必须在将来某一个时日以转移资产或者提供劳务的方式来清偿，也可以将债务转为所有者权益。

负债按照其流动性可以分为流动负债和非流动负债，如图 2－2 所示。①流动负债是指偿还期在一年或一个营业周期以内，预期需动用流动资产或以新的流动负债偿还的债务，通常包括短期借款、应付票据、应付账款、预收账款、应付职工薪酬、应交税费、其他应付款等。②非流动负债是指偿还期在一年或一个营业周期以上的各种债务，通常包括长期借款、应付债券等。这些分类及对应的账户将会在第三章中详细讲解。

- 流动负债
  - 短期借款
  - 应付票据
  - 应付账款
  - 预收账款
  - 应付职工薪酬
  - 应交税费
  - 其他应付款
- 非流动负债
  - 预提费用
  - 长期借款
  - 应付债券
  - 长期应付款

图 2－2　负债构成分类

（三）所有者权益

所有者权益是指企业资产扣除负债后由所有者享有的剩余权益。企业的资产扣除负债后的差额又称为净资产，因此，所有者权益也可以理解为是企业的所有者（股东、投资人）在企业资产中享有的经济利益。在数量上，它等于企业全部资产减去全部负债后的余额，其来源包括所有者投入的资本（或股本）、接受捐赠和企业财产重估增值等形式形成的资本公积，以及通过利润分配形成的盈余公积和未分配利润，如图 2 - 3 所示。这些分类及对应的账户将会在第三章中详细讲解。

- 所有者权益
  - 实收资本/股本——国家或个人的投资
  - 资本公积
    - 资本/股本溢价
    - 接受捐赠资产
    - 拨款转入
  - 留存收益
    - 盈余公积
      - 一般盈余公积
        - 法定盈余公积
        - 任意盈余公积
      - 公益金
    - 未分配利润

图 2 - 3　所有者权益构成分类

（四）收入

收入是指企业在日常活动中形成的、会导致所有者权益增加、与所有者投入资本无关的经济利益的总流入。它包括主营业务收入和其他业务收入：①主营业务收入是指企业从事主要经营活动所获得的收入，如生产制造业的产品销售收入。②其他业务收入是指企业从事基本业务以外的其他业务所获得的收入，如工业企业的运输收入、包装物和固定资产的租金收入、无形资产的转让收入等。这些分类及对应的账户将会在第三章中详细讲解。

企业收入的构成及分类情况如图 2 - 4 所示：

- 收入
  - 主营业务收入
  - 其他业务收入
    - 运输收入
    - 材料销售收入
    - 出租包装物收入
    - 出租固定资产收入
    - 转让无形资产收入

图 2 - 4　收入构成分类

（五）费用

费用是指企业在日常活动中发生的、会导致所有者权益减少的、与向所有者分配利润无关的经济利益的总流出。企业费用通常可分为计入产品成本的费用和期间费用两大类。计入产品成本的费用按计入成本的具体方式又分为直接费用和间接费用。直接费用是指可以直接计入生产经营成本的费用，包括直接材料、直接人工，以及产品生产过程中直接耗费的燃料、动力、外部加工费等其他直接费用；间接费用是指不能直接计入生产经营成本，而要通过分配计入生产经营成本的费用，如几种产品共同耗费的材料、车间固定资产的折旧费用、车间管理人员或技术人员的工资等。期间费用是指企业行政管理部门为组织和管理生产经营活动而发生的管理费用和财务费用，以及为销售和提供劳务而发生的销售费用等，这些费用发生时应按一定期间归集汇总，直接计入当期损益。这些分类及对应的账户将会在第三章中详细讲解。

企业费用的构成及分类情况如图 2 – 5 所示：

- 费用
  - 计入产品成本的费用
    - 直接费用
      - 直接材料
      - 直接人工
      - 其他直接费用
    - 间接费用——制造费用
  - 期间费用
    - 管理费用
    - 财务费用
    - 销售费用

图 2 – 5 费用构成分类

（六）利润

利润是指企业在一定会计期间的经营成果，它是收入扣除相配比的全部费用后的差额。差额若为负值即为亏损，反之则为盈利。利润分为营业利润、利润总额和净利润：①营业利润是企业利润的主要来源，包括主营业务利润和其他业务利润两部分。②利润总额是指营业利润加上投资收益、补贴收入和营业外收支净额后的金额。③净利润是指利润总额减去所得税后的金额，它是企业当期的最终财务成果。

营业利润 = 主营业务收入 – 主营业务成本 – 营业税金及附加 +
　　　　其他业务利润 – 期间费用

利润总额 = 营业利润 + 投资收益 + 补贴收入 + （营业外收入 – 营业外支出）

净利润 = 利润总额 – 所得税

这些分类及对应的账户将会在第三章中详细讲解。

企业利润的构成及分类情况如图 2－6 所示：

- 利润
  - 营业利润
    - 产品销售利润
    - 其他销售利润
  - 投资净收益
  - 营业外收支利润
    - 营业外收入
    - 营业外支出

图 2－6　利润构成分类

第二节　会计等式

一、会计等式

会计等式是由会计要素组成的，反映会计要素之间平衡关系的计算公式，它是制定各项会计核算方法的理论依据。

资产 = 负债 + 所有者权益　　(1)

资金运动在静态情况下，资产、负债、所有者权益三要素存在着平衡关系；资产各项目反映了资金使用情况，负债和所有者权益各项目反映了资金来源情况（企业的资产或者来源于投资者的投资，或者来源于债权人的借款等）。因此，资产与权益是同一事项的两种说法，反映同一事项的两个方面，所以两者金额必定相等，用公式表示就是："资产 = 权益"，这里的权益包括债权人的权益和投资者的权益，债权人的权益为企业的负债，所以公式改为："资产 = 负债 + 所有者权益"。该公式是基本会计等式，是设计和编制资产负债表的理论依据。

收入 － 费用 = 利润　　(2)

资金运动在动态情况下，其循环周转过程中发生的收入、费用和利润也存在着平衡关系：企业用资产经过生产经营而获得收入，并以支付费用为代价，将一定期间实现的收入与支付的费用比较后，就能确定该期间企业的经营成果，当收入大于费用时，表示企业实现利润，收入小于费用时，企业发生亏损。其平衡关系如公式（2）所示，它是设计和编制利润表的理论依据。

资产 = 负债 + 所有者权益 +（收入 － 费用）　　(3)

上述两个平衡公式之间存在着有机的联系，在会计期间的任一时刻，两个公式可以合并为公式（3）；企业在结算时，利润经过分配，上述平衡公式又表现为："资产 = 负债 + 所有者权益"。

二、经济业务的发生对会计等式各个会计要素的影响

企业每天发生的业务繁杂多样，每一笔经济业务的发生，都会对会计要素产生一定影响。一项会计要素发生增或减的变动，其他有关要素也必然随之发生等额增减变动，或者是在同一个会计要素内部某一具体项目发生增减变动，其他有关项目也会随之等额变动。但不管如何增减变动，会计等式中各要素的平衡关系始终是成立的，即"资产 = 负债 + 所有者权益"这个基本会计等式始终是成立的。我们将引起会计要素增减变动的方式归纳为以下九种类型：

（1）一项资产增加，一项负债增加；

（2）一项资产增加，一项所有者权益增加；

（3）一项资产减少，一项负债减少；

（4）一项资产减少，一项所有者权益减少；

（5）一项资产增加，另一项资产减少；

（6）一项负债增加，另一项负债减少；

（7）一项所有者权益增加，一项所有者权益减少；

（8）一项负债增加，一项所有者权益减少；

（9）一项负债减少，一项所有者权益增加。

以兆丰水泥厂2009年4月的业务为例，我们来了解会计等式在会计核算中的具体运用。

【例题2－1】4月1日，兆丰水泥厂从供应商处采购石灰原料一批，价值60 000元，款项尚未支付。

该项经济业务的发生使水泥厂的资产"原材料"增加了60 000元，同时企业的负债"应付账款"也增加了60 000元，属于第（1）种类型，结果是基本会计等式依然平衡。

【例题2－2】4月3日，该厂收到投资人投资的100 000元。

该项经济业务的发生使该厂的所有者权益"实收资本"增加了100 000元，同时企业的资产"银行存款"增加了100 000元，属于第（2）种类型，等式依然平衡。

【例题 2－3】4 月 4 日，水泥厂用 3 000 元偿还以前欠供应商的货款。

该项经济业务的发生使该厂的负债“应付账款”减少了 3 000 元，同时企业的资产“银行存款”减少了 3 000 元，属于第（3）种类型，等式依然平衡。

【例题 2－4】4 月 6 日，该厂用银行存款 10 000 元购买了一台运输设备，已经投入使用。

该项经济业务的发生使该厂的资产“银行存款”减少了 10 000 元，同时企业的资产“固定资产”增加了 10 000 元，属于第（5）种类型，等式依然平衡。

【例题 2－5】4 月 15 日，该厂向银行贷款 60 000 元，偿还了本月购买原材料的欠款。

该项经济业务的发生使该厂的负债“短期借款”增加了 60 000 元，同时企业的负债“应付账款”减少了 60 000 元，属于第（6）种类型，等式依然平衡。

【例题 2－6】4 月 19 日，用企业的盈余公积 50 000 元转作资本。

该项经济业务的发生使该厂的所有者权益“实收资本”增加了 50 000 元，同时企业的所有者权益“盈余公积”减少了 50 000 元，属于第（7）种类型，等式依然平衡。

【例题 2－7】4 月 20 日，按本月收益额的一定比例计提应交所得税 4 000 元。

该项经济业务的发生使该厂的负债“应交税费”增加了 4 000 元，同时企业的所有者权益“本年利润”减少了 4 000 元，属于第（8）种类型，等式依然平衡。

【例题 2－8】企业向银行借款 200 000 元，2 年期已到，经过企业和银行的协商，将此笔款项转作银行对本企业的投资。

该项经济业务的发生使该厂的负债“长期借款”减少了 200 000 元，同时企业的所有者权益“实收资本”增加了 200 000 元，属于第（9）种类型，等式依然平衡。

【例题 2－9】4 月 29 日，以现金支付本月行政部门的水电费 600 元。

该项经济业务的发生使该厂的资产“库存现金”减少了 600 元，同时企业的所有者权益“本年利润”减少了 600 元，属于第（4）种类型，等式依然平衡。

从以上例题我们可以看出，企业发生经济业务势必引起会计要素的变动，但是变动要么引起会计等式左右两边同时增加或减少，要么引起会计等式左边或右边内部要素增加或减少，但是等式的平衡关系始终存在，会计等式两边的数额始终相等。

第三节 会计科目与会计账户

一、会计科目

（一）会计科目的概念

会计科目是对会计对象的各要素的具体内容进行分类的类目。前已述及，会计要素包括了资产、负债、所有者权益、收入、费用和利润，但是对于复杂的会计核算业务来说，这样的分类不方便人们详细地记录经济业务，所以在六大要素的基础上我们再进一步将其细化，设置了会计科目。会计科目是复式记账和编制记账凭证的基础，为成本计算与财产清查提供了前提条件，也为编制财务报表提供了方便。

（二）会计科目的分类

会计科目按照其提供信息的详细程度不同，可以分为总分类会计科目和明细分类科目。前者又称一级会计科目，总括反映经济业务内容，比如“银行存款”、“应收账款”、“原材料”等，后者是对总分类会计科目的进一步分类，对经济业务描述得更加详细，比如“原材料”下的明细分类科目为“主要材料”、“辅助材料”等，“应收账款”下的明细分类科目为“曙光工厂”、“红星公司”等。经济业务比较复杂时，有的总分类科目所属的明细分类科目很多，为适应加强内部经营管理工作的需要，可在总分类科目与所属的明细分类科目之间增设二级科目（也称子目），在二级科目之下再按所包括的内容设置隶属于该二级科目的三级科目（也称细目）。二级科目和三级科目统称为明细分类科目。在一般情况下可设置三个层次的会计科目，如有需要也可设置四级科目、五级科目。

会计科目按照其反映经济业务的内容不同可以分为资产类、负债类、所有者权益类、成本类和损益类。具体内容参见表2－1。

2007年我国财政部公布的《企业会计准则——应用指南》中设置了总分类科目，而明细分类科目一般由企业根据自身情况设置。常用主要会计科目如表2－1所示。

表 2－1　　会计科目参照表

顺序	编号	科目名称	顺序	编号	科目名称
		一、资产类			二、负债类
1	1001	库存现金	1	2001	短期借款
2	1002	银行存款	2	2101	交易性金融负债
3	1009	其他货币资金	3	2201	应付票据
4	1101	交易性金融资产	4	2202	应付账款
5	1121	应收票据	5	2203	预收账款
6	1122	应收账款	6	2211	应付职工薪酬
7	1123	预付账款	7	2221	应交税费
8	1131	应收股利	8	2231	应付利息
9	1132	应收利息	9	2232	应付股利
10	1221	其他应收款	10	2241	其他应付款
11	1231	坏账准备	11	2411	预提费用
12	1401	材料采购	12	2501	长期借款
13	1402	在途物资	13	2502	应付债券
14	1403	原材料	14	2701	长期应付款
15	1404	材料成本差异	15	2702	未确认融资费用
16	1405	库存商品			
17	1406	发出商品			三、所有者权益类
18	1408	委托加工物资	16	3001	实收资本
19	1471	存货跌价准备	17	3002	资本公积
20	1501	持有至到期投资	18	3101	盈余公积
21	1502	持有至到期投资减值准备	19	3103	本年利润
22	1503	可供出售金融资产	20	3104	利润分配
23	1511	长期股权投资	21	3201	库存股

（续上表）

顺序	编号	科目名称	顺序	编号	科目名称
24	1512	长期股权投资减值准备			
25	1601	固定资产			四、成本类
26	1602	累计折旧	22	4001	生产成本
27	1603	固定资产减值准备	23	4101	制造费用
28	1604	在建工程	24	4201	劳务成本
29	1606	固定资产清理			
30	1701	无形资产			五、损益类
31	1702	累计摊销	25	5001	主营业务收入
32	1703	无形资产减值准备	26	5051	其他业务收入
33	1801	长期待摊费用	27	5111	投资收益
34	1811	递延所得税资产	28	5301	营业外收入
35	1901	待处理财产损溢	29	5401	主营业务成本
			30	5403	营业税金及附加
			31	5601	销售费用
			32	5602	管理费用
			33	5603	财务费用
			34	5711	营业外支出
			35	5801	所得税费用
			36	5901	以前年度损益调整

二、会计账户

（一）账户的概念

会计账户是根据会计科目设置的，具有一定结构的，用来系统、持续地记载各项经济业务的一种载体。会计科目只是对会计对象分类的项目或名称，不能进行具体的会计核算，但是账户具备的结构可以将经济业务分门别类地记录下来。

（二）账户的分类

会计账户按照其反映的经济业务内容不同可以分为资产类、负债类、所有者权益类、成本类和损益类。

会计账户按照其反映信息的详细程度可以分为总分类账户和明细分类账户。

总分类账户和总分类科目相对应，它总括地反映核算资料，只采用货币单位计量，如“原材料”和“库存商品”账户；而明细分类账户是对总分类账户的补充说明，除了采用货币计量之外，必要时还需采用实物计量或劳动量计量单位进行反映，如“原材料”的明细账户“主要材料”，对于水泥企业，主要材料是石灰石，在明细账户中我们可以登记石灰石购买的吨数及每吨的价格等信息。

（三）账户的基本结构

前面我们已经了解到无论经济业务如何变化，无论会计要素如何增减，会计等式始终保持平衡，账户的登记也利用了这个原理。我们将账户的基本结构相应地划分为两个部分：一部分反映增加数额，另一部分反映减少数额，具体哪一边登记增加数、哪一边登记减少数要根据账户自身的性质决定。以世界各国通用的借贷记账法为例，账户的基本格式简化为T形格式，如下所示：

借方	账户名称（会计科目）	贷方

在登记账户的过程中，登记本期增加的金额合计，称为本期增加发生额；登记本期减少的金额合计，称为本期减少发生额；增减相抵后的差额，称为余额。基本关系如下：

期末余额 = 期初余额 + 本期增加发生额 - 本期减少发生额

（四）账户的运用

在借贷记账法下，T形账户的基本结构已在前面作了介绍，下面根据账户的类型不同，分别介绍账户的登记方法。

1. 资产类账户结构

该账户的借方登记增加数，贷方登记减少数，余额一般在借方。

借方	账户名称（会计科目）		贷方
期初余额	××		
本期增加额	××	本期减少额	××
本期发生增加额合计	××	本期发生减少额合计	××
期末余额	××		

2. 负债类账户、所有者权益类账户结构

借方	账户名称（会计科目）		贷方
		期初余额	××
本期减少额	××	本期增加额	××
本期发生减少额合计	××	本期发生增加额合计	××
		期末余额	××

3. 收入（利润）类账户结构

借方	账户名称（会计科目）		贷方
本期减少额	××	本期增加额	××
本期发生减少额合计	××	本期发生增加额合计	××
		期末余额	0

需要注意的是，收入（利润）类账户一般期末没有余额。

4. 费用类、成本类账户结构

借方	账户名称（会计科目）		贷方
本期增加额	××	本期减少额	××
本期发生增加额合计	××	本期发生减少额合计	××
期末余额	0		

需要注意的是，费用类、成本类账户一般期末没有余额。

（五）总分类账和明细分类账的平行登记

总分类账户和明细分类账户是统驭和从属的关系，两者结合起来就能够详细反映同一经济业务的内容，所以在记账时，总分类账户和明细分类账户总是平行登记的。平行登记是指对发生的每一项经济业务都要以一致的记账方向和相等的金额，同时在某一总分类账户和所属的各明细分类账户中进行登记的方法。

同时间，是指在同一会计期间进行登记；同方向，是指登记总账和明细账时，借贷记账方向必须一致；同金额，是指登记总账的金额要与其从属的明细账的金额合计数相等。

【例题2－10】某水泥厂月初有原材料20 000元，其中甲、乙材料分别价值5 000元和15 000元；本月购买原材料60 000元，其中甲材料10吨，共36 000元，乙材料8吨，共24 000元；本月生产领用甲材料3吨，共10 800元，领用乙材料5吨，共15 000元。

进行平行登记时应先设置好账户，包括总分类账户和其从属的明细分类账户，因此该题应设置“原材料”及“甲材料”、“乙材料”账户。甲乙两种原材料期初结存、本期购入、本期发出数额的和就是原材料总账中相应的数额，这体现了平行登记中同时间、同方向、同金额的原则。如果出现总账与明细账的合计数不等，则表明登记总账或明细账时有误，应给予纠正。

表2－2　　　　总分类账户

借方	原材料		贷方
期初余额	20 000		
本期增加额	60 000	本期减少额	25 800
期末余额	54 200		

表2－3　　　　明细分类账户

借方	甲材料		贷方
期初余额	5 000		
本期增加额	36 000	本期减少额	10 800
期末余额	30 200		

表2－4　　　　明细分类账户

借方	乙材料		贷方
期初余额	15 000		
本期增加额	24 000	本期减少额	15 000
期末余额	24 000		

在【例题2－10】中，“原材料”总分类账户的期初余额、本期借方发生额、本期贷方发生额、期末余额都分别与其所属的明细分类账“甲材料”和“乙材料”的期初余额之和、本期借方发生额之和、本期贷方发生额之和、期末余额之和相等。在期末时，为核对这种相等的关系，我们可以通过编制“总分类账户与明细分类账户发生额与余额对照表”来实现，如表2－5所示：

表2－5　总分类账户与明细分类账户发生额与余额对照表

账户名称	期初余额		本期发生额		期末余额	
	借方	贷方	借方	贷方	借方	贷方
原材料	20 000		60 000	25 800	54 200	
甲材料	5 000		36 000	10 800	30 200	
乙材料	15 000		24 000	15 000	24 000	

第四节　复式记账与会计的核算方法

（一）借贷复式记账法的定义

记账方法就是根据一定的原理、记账符号和记账规则，采用一定的计量单位，利用文字和数字记录经济业务活动的一种专门方法。考查记账方法的发展历史，我们不难发现它经历了从单式记账到复式记账的过程。复式记账是指对发生的每一项经济业务，都要以相等的金额在相互关联的两个或两个以上账户中进行记录的一种记账方法。我们现在使用的借贷复式记账法是用“借”、“贷”作为记账符号的一种复式记账法。其中的“借”和“贷”原来是指增加和减少的意思，随着商品经济的发展，它们的具体含义已经淡化，变为抽象的记账符号。

（二）会计分录

会计分录简称分录，是指对某项经济业务事项标明其应借应贷账户以及金额的记录，它是借贷记账法的具体运用。一笔会计分录包括三个要素：会计科目、记账符号和金额。

会计分录按照所涉及账户的多少，分为简单会计分录和复合会计分录。简单会计分录是指一项交易或者事项发生后，只在两个相互关联的账户中进行反映的会计分录，即“一借一贷”的会计分录；复合会计分录是指交易或事项发生后，需要用三个或三个以上相互关联的账户进行反映的会计分录，即“一借多贷”、

“多借一贷”或者“多贷多借”的会计分录。

现以某企业2009年2月的业务内容为例，说明会计分录的编制方法。

【例题2－11】企业向银行借了3个月归还的款项20 000元，偿还了之前欠的购货款。

此项业务中，一方面企业的负债“短期借款”账户中增加20 000元，记入该账户贷方，另一方面企业的负债“应付账款”账户中减少了20 000元，记入该账户借方，借贷方金额相等，编制会计分录如下：

借：应付账款　　20 000
　贷：短期借款　　20 000

【例题2－12】企业从银行取出1 000元，购买了原材料。

该项业务中，一方面企业的资产“银行存款”账户减少了1 000元，记入该账户贷方，同时企业的资产“原材料”账户增加了1 000元，记入该账户借方，借贷方金额相等，编制会计分录如下：

借：原材料　　1 000
　贷：银行存款　　1 000

【例题2－13】企业由国家投入了资本金50 000元，已存入银行。

该项业务中，一方面企业的资产“银行存款”账户增加50 000元，记入该账户借方，同时企业的所有者权益“实收资本”账户增加了50 000元，记入该账户贷方，借贷方金额相等，编制会计分录如下：

借：银行存款　　50 000
　贷：实收资本　　50 000

【例题2－14】企业从银行取回现金1 000元备用。

该项业务中，一方面企业的资产“现金”账户增加1 000元，记入该账户借方，同时企业的资产“银行存款”账户减少了1 000元，记入该账户贷方，借贷方金额相等，编制会计分录如下：

借：库存现金　　1 000
　贷：银行存款　　1 000

（三）借贷记账法的记账规则

根据复式记账的原理，我们编制了会计分录之后，就要在账户的借方和贷方登记相等的金额，这就是过账，它体现了“有借必有贷，借贷必相等”的记账规则。利用这个规则，我们可以检查账户的登记是否正确，从而提高会计核算的质量。

假设我们已知上述企业2009年1月的各项账户余额，如表2－6所示。

表2－6　　某企业2009年1月31日部分账户余额

单位：元

资产类科目		负债和所有者权益类科目	
库存现金	240	短期借款	6 500
银行存款	37 000	应付账款	25 740
原材料	85 000	实收资本	130 000
固定资产	40 000		
总计	162 240	总计	162 240

将【例题2－11】和【例题2－12】的会计分录填入账户，可以得到以下结果：

【例题2－11】

短期借款

借方		贷方	
		期初余额	6 500
		本期发生额	20 000
		期末余额	26 500

应付账款

借方		贷方	
		期初余额	25 740
本期发生额	20 000		
		期末余额	5 740

【例题2－12】

原材料

借方		贷方	
期初余额	85 000		
本期发生额	1 000		
期末余额	86 000		

银行存款

借方		贷方	
期初余额	37 000		
		本期发生额	1 000
期末余额	36 000		

（四）借贷记账法的试算平衡

为了在账户中正确地记录一定时期内所发生的经济业务，在一定会计期末应进行账户的试算平衡工作。所谓试算平衡是指根据资产与权益的恒等关系以及借贷记账法的记账规则，检查所有账户记录是否正确的过程，包括发生额试算平衡法和余额试算平衡法两种方法。

1. 账户发生额试算平衡法

发生额试算平衡法是根据本期所有账户借方发生额合计与贷方发生额合计的恒等关系，检验本期发生额记录是否正确的方法。其平衡公式为：

全部账户本期借方发生额合计 = 全部账户本期贷方发生额合计

由于借贷记账法对每项经济业务的记录都是按照“有借必有贷，借贷必相等”的记账规则进行的，这样，一个会计主体在一定时期内的全部账户的借方发生额合计与贷方发生额合计就一定相等。

2. 账户余额试算平衡法

账户余额试算平衡法是根据本期所有账户期末的借方余额合计数和贷方余额合计数是否相等来检验账户记录正确性的一种试算平衡方法。其平衡公式为：

全部账户本期借方余额合计 = 全部账户本期贷方余额合计

借贷记账法下账户的结构是所有账户的借方余额之和是资产类账户期末余额的合计数，所有账户的贷方余额之和是权益类账户期末余额的合计数。因此，根据前面讲述的资产与权益的恒等关系，所有账户的期末借方余额合计数必然等于期末贷方余额合计数。

现举例讲解发生额及余额试算平衡表的编制。

【例题 2 – 15】某企业 20 × ×年 5 月有关账户的资料如表 2 – 7 所示：

表 2 – 7　　某企业有关账户的资料　　单位：元

账户名称	期初余额	本期增加发生额	本期减少发生额	期末余额
银行存款	347 500	350 500	230 000	468 000
短期借款	60 000	180 000	50 000	190 000
固定资产	650 000	65 000	30 000	685 000
应付账款	47 000	12 000	21 000	38 000
累计折旧	40 500	5 000	500	45 000
实收资本	850 000	30 000	0	880 000

现编制发生额及余额试算平衡表如表 2－8 所示：

表 2－8　　某企业总分类账试算平衡表

20××年 5 月 31 日　　单位：元

账户名称	期初余额		本期发生额		期末余额	
	借方	贷方	借方	贷方	借方	贷方
银行存款	347 500		350 500	230 000	468 000	
短期借款		60 000	50 000	180 000		190 000
固定资产	650 000		65 000	30 000	685 000	
应付账款		47 000	21 000	12 000		38 000
累计折旧		40 500	500	5 000		45 000
实收资本		850 000	0	30 000		880 000
合计	997 500	997 500	487 000	487 000	1 115 300	1 115 300

如果试算平衡表中借方发生额合计与贷方发生额合计不相等或者借方余额合计数和贷方余额合计数不相等，则说明相关账户或试算平衡表存在错误，应当查找错误并予以纠正。首先需要检查试算平衡表是否错加、漏加，如没有错误，再去查验各账户、记账凭证，直至查出差错。

复习思考题

1. 什么是会计的对象？如何理解会计对象是社会再生产中的资金运动过程？
2. 简述会计要素的含义及内容。
3. 为什么既要设置总分类账户，又要设置明细分类账户？其相互关系如何？

一、名词解释

1. 资产　　2. 负债　　3. 所有者权益　　4. 会计科目
5. 会计账户　　6. 复式记账　　7. 会计等式　　8. 试算平衡

二、填空题

1. 资产是指由＿＿＿＿＿＿＿形成的并由企业拥有或＿＿＿＿的，以货币计量的，预期会给企业带来＿＿＿＿＿＿的资源。

2. 资产按照流动性可以分为＿＿＿＿＿＿和＿＿＿＿＿＿＿。

3. 借贷记账法的理论依据是＿＿＿＿＿＿＿＿＿。

4. 会计要素由______、________、所有者权益、________、费用、________构成。

5. 按照《企业会计制度》的规定，会计科目可以划分为五类，它们是____、______、________、______、________。

6. 在借贷记账法下资产账户的借方表示__________。

7. 在借贷记账法下，账户的基本结构分为________、________、________、________。

8. 负债类账户，借方反映__________，贷方反映__________，其余额一般为______方余额。

9. 所谓平行登记，是指对发生的每一项经济业务，既要记入______账户，又要记入________，记入的方向________，记入______的金额与记入________的金额之和相等。

10. 总分类账反映所属明细分类账户的________，它对明细分类账起着________作用。

11. 试算平衡有____________与余额试算平衡法。

三、单项选择题

1. 在借贷记账法中，账户的哪一方记增加数，哪一方记减少数，是由(　　)决定的。

A. 业务性质　　B. 记账规则
C. 账户性质　　D. 账户结构

2. 会计科目是（　　）。

A. 会计要素的名称　　B. 账簿的名称
C. 账户的名称　　D. 财务报表的名称

3. “借”、“贷”作为记账符号所表示的含义为（　　）。

A. 记账方向　　B. 借款与贷款
C. 债权与债务　　D. 平行关系

4. 下列属于负债特征的是（　　）。

A. 是由于过去的交易和事项所形成的
B. 是现在已承担的责任并且是企业将来要履行的
C. 是企业拥有或控制的
D. 能够给企业带来未来利益

5. 下列不属于企业资产的是（　　）。

A. 购买的原材料　　B. 应付账款

C. 预付账款　　D. 短期投资

6. “累计折旧”账户属于（　）。

A. 资产类　　B. 负债类

C. 所有者权益类　　D. 损益类

7. “生产成本”账户的期末余额反映的是（　）。

A. 销售成本　　B. 在产品成本

C. 生产过程中的耗费　　D. 经营成本

8. 下列属于流动负债的是（　）。

A. 长期应付款　　B. 长期借款

C. 应付债券　　D. 应付票据

9. 下列反映企业财务状况的会计要素是（　）。

A. 收入　　B. 资产

C. 费用　　D. 利润

10.（　）是会计最基本的等式。

A. 资产 = 负债 + 所有者权益

B. 资产 = 负债 + 所有者权益 +（收入 - 费用）

C. 资产 = 负债 + 所有者权益 + 利润

D. 收入 - 费用 = 利润

11. 复式记账法对于每项经济业务都以相等的金额在（　）中登记。

A. 一个账户　　B. 两个

C. 全部账户　　D. 两个或两个以上的账户

12. 负债和所有者权益账户的期末余额一般在（　）。

A. 借方　　B. 借方或贷方

C. 贷方　　D. 不一定

13. 借贷记账法下，“借”表示（　）。

A. 费用的增加　　B. 负债的增加

C. 所有者权益的增加　　D. 收入的增加

14. 下列错误能够通过试算平衡发现的是（　）。

A. 重记经济业务　　B. 漏记经济业务

C. 借贷方向相反　　D. 借贷金额不等

15. 企业收到投资人的投资款存入银行，该业务引起了（　）。

A. 一项资产增加，一项所有者权益增加

B. 一项负债增加，一项所有者权益减少

C. 一项资产增加，另一项资产减少

D. 一项负债增加，另一项负债减少

16. 在借贷记账法下，期末没有余额的科目类别是（　　）。

A. 资产类　　B. 损益类

C. 负债类　　D. 成本类

17. 某企业年初资产总额为 126 000 元，负债总额为 48 000 元。本年度取得收入共计 89 000 元，发生费用共计 93 000 元，月末负债总额为 50 000 元，则该企业年末资产总额为（　　）。

A. 124 000 元　　B. 122 000 元

C. 128 000 元　　D. 131 000 元

18. 某企业 6 月初的资产总额为 60 000 元，负债总额为 25 000 元。6 月初取得收入共计 28 000 元，发生费用共计 18 000 元，则 6 月末该企业的所有者权益总额为（　　）。

A. 85 000 元　　B. 35 000 元

C. 10 000 元　　D. 45 000 元

四、多项选择题

1. 下列科目中，不属于国家统一规定的会计科目的有（　　）。

A. 固定资产　　B. 库存现金

C. 工行存款　　D. 生产成本

2. 下列账户中，属于损益类账户的有（　　）。

A. 投资收益　　B. 实收资本

C. 财务费用　　D. 本年利润

E. 利润分配　　F. 营业外支出

3. 某生产企业在购买原材料过程中形成的债务一般可以通过以下哪些账户进行核算（　　）。

A. 应付账款　　B. 应收账款

C. 短期借款　　D. 应付票据

4. 下列属于流动资产的是（　　）。

A. 预收账款　　B. 预付账款

C. 应收账款　　D. 应收票据

5. 对于资产和成本类账户而言（　　）。

A. 增加记借方　　B. 增加记贷方

C. 减少记贷方　　D. 期末无余额

6. 用公式表示试算平衡关系，正确的是（　　）。

A. 全部账户本期借方发生额合计 = 全部账户本期贷方发生额合计

B. 全部账户借方期初余额合计 = 全部账户贷方期初余额合计

C. 负债类账户借方发生额合计 = 负债类账户贷方发生额合计

D. 全部账户的借方期末余额合计 = 全部账户的贷方期末余额合计

7. 会计分录的内容包括（　　）。

A. 经济业务内容摘要　　B. 账户名称

C. 经济业务的发生额　　D. 应借应贷的方向

8. 经济业务发生后，一般所编制的分录是（　　）。

A. 多借多贷　　B. 一借多贷

C. 多借一贷　　D. 一借一贷

9. 在借贷记账法下，可以在账户借方登记的是（　　）。

A. 资产的增加　　B. 负债的增加

C. 收入的增加　　D. 费用的增加

10. 总分类账户和明细分类账户平行登记要求（　　）。

A. 方向一致　　B. 金额相等

C. 时间一致　　D. 详略一致

11. 关于总分类会计科目与明细分类会计科目表述正确的是（　　）。

A. 明细分类会计科目概括地反映会计对象的具体内容

B. 总分类会计科目详细地反映会计对象的具体内容

C. 总分类会计科目对明细分类科目具有控制作用

D. 明细分类会计科目是对总分类会计科目的补充和说明

12. 某企业月末编制试算平衡表时，因“原材料”账户的余额计算不正确，导致试算平衡中月末借方余额合计为65 000元，而全部账户月末贷方余额合计为60 000元，则“原材料”账户（　　）。

A. 余额多记5 000元　　B. 余额少记5 000元

C. 为贷方余额　　D. 为借方余额

五、判断题

1. 账户与会计科目的主要区别在于是否有结构。（　　）

2. 借贷记账法下，“借”表示增加，“贷”表示减少。（　　）

3. 任何经济业务的发生，都会引起会计等式左右两边的变化。（　　）

4. 不论发生何种业务，会计等式两边的会计要素的平衡关系都不会被破坏。（　　）

5. 资产是企业拥有或控制的实物资源，预期会给企业带来经济效益。(　　)
6. 财务成果具体表现为盈利或亏损。(　　)
7. 所有的总账科目都应该设置明细科目，进行明细核算。(　　)
8. 总分类账户与所属明细分类账户登记的原始依据和详细程度不同。(　　)

六、业务题

练习一

目的：掌握资产、负债及所有者权益的分类。

资料：某制造企业20××年5月资产、负债及所有者权益状况如下表所示，要求将金额填入相应的资产、负债及所有者权益栏中，然后合计看看是否平衡。

单位：元

序号	项目	金额	资产	负债	所有者权益
1	收到甲工厂的货币资金投资	200 000			
2	以银行存款购买了电脑	14 000			
3	收到乙工厂之前的欠款	30 000			
4	向银行取得长期贷款	250 000			
5	销售商品一批	100 000			
6	应缴未交的税金	15 400			
7	生产产品的专利权	50 000			
8	出租包装物获得的租金	6 000			
9	其他公司暂时寄存的货物	8 000			
10	购买生产用的原材料	4 000			
11	正在加工中的产品	60 500			
12	使用中的机器设备	250 000			
13	对外单位的投资	12 000			
14	暂时借给采购员的差旅费	1 000			
15	本月实现的利润	98 000			

练习二

目的：练习借贷记账法下账户的登记。

1. 计算下列账户的期末余额

银行存款

期初余额	500 000		
本期发生额	20 000	本期发生额	34 000

应付账款

		期初余额	61 000
本期发生额	20 000	本期发生额	45 000

实收资本

		期初余额	80 000
本期发生额	0	本期发生额	20 000

应收账款

期初余额	10 000		
本期发生额	15 000	本期发生额	6 000

2. 计算下列账户的本期借方或贷方发生额

库存现金

期初余额	500		
本期发生额	1 000	本期发生额	
期末余额	1 300		

短期投资

期初余额	30 000		
本期发生额		本期发生额	16 000
期末余额	18 000		

实收资本

		期初余额	40 000
本期发生额		本期发生额	10 000
		期末余额	45 000

短期借款

		期初金额	10 000
本期发生额		本期发生额	6 000
		期末余额	9 000

应收票据

期初余额	30 000		
本期发生额	8 000	本期发生额	
期末余额	28 000		

应付账款

		期初余额	10 000
本期发生额	25 000	本期发生额	
		期末余额	30 000

练习三

目的：练习借贷记账法的运用和账户的试算平衡。

资料：某公司20××年7月各账户有关资料如下表所示。

要求：根据表中资料，填写有关账户的期初余额、本期发生额及期末余额，检查是否平衡。

单位：元

会计科目	期初余额		本期发生额		期末余额	
	借方	贷方	借方	贷方	借方	贷方
库存现金	6 000		1 000	—		
银行存款	80 000		—	63 000		
应收账款			—	84 000	8 000	
短期借款		50 000		—		15 000
原材料	50 000		22 000		40 000	
固定资产			24 000	22 500	100 000	
应付账款		80 000	85 000			3 000
实收资本		1 500 000	—			1800 000
资本公积		40 000		10 000		30 000
合计						

练习四

目的：练习借贷记账法下会计分录的书写。

资料：某企业发生下列各项经济业务：

1. 从银行取出现金500元放在出纳处。
2. 向银行借入3个月期限的借款6 000 000元。
3. 购买材料380 000元，材料已验收入库。
4. 收到国家投入的资金450 000元存入银行。
5. 向银行借入一年以上期限归还的借款150 000元。
6. 企业用银行存款购买了生产用的设备1 200 000元。
7. 用银行存款归还了之前欠外单位的货款40 000元。
8. 使用银行存款对外进行了一项长期投资500 000元。

要求：

1. 请判断以上经济业务所涉及的科目及所属要素，然后编制会计分录。
2. 开设各账户登记本期发生额，计算期末余额，并编制总分类账户本期发生额对照表。

例：

银行存款	
本期发生额	本期发生额

库存现金	
本期发生额	本期发生额

练习五

目的：练习T形账户的登记及试算平衡方法。

资料：

1. 企业20××年7月有关账户余额如下：

单位：元

资产	金额	负债及所有者权益	金额
库存现金	2 400	短期借款	18 000
银行存款	65 000	应付账款	25 000
应收账款	15 000	应交税费	37 000
其他应收款	3 000	应付职工薪酬	13 000
原材料	70 000	实收资本	152 000
库存商品	40 000	资本公积	40 000
固定资产	80 000	未分配利润	24 400
长期投资	34 000		
合计	309 400	合计	309 400

2. 8月该企业发生下列经济业务：

4日，从银行提现53 000元备发工资；

6日，收到国家投资的价值200 000元的设备一台；

7日，以银行存款购买原材料6 000元，材料已验收入库；

10日，用银行存款偿还了短期借款；

15日，用银行存款购买了运输用汽车一部，价值150 000元；

21日，从银行取得了三个月的短期借款250 000元；

28日，收到了其他公司之前的欠款12 000元。

要求：

1. 根据7月底与8月份的经济业务填写下表。
2. 根据7月底与8月份的经济业务设置T形账户并登记。

3. 编制账户本期发生额及余额对照表，检查各账户借贷方记录是否平衡。

单位：元

资产	期初金额	本月增加数	本月减少数	月末余额	负债及所有者权益	期初金额	本月增加数	本月减少数	月末余额
库存现金					短期借款				
银行存款					应付账款				
应收账款					应交税费				
其他应收款					应付职工薪酬				
原材料					实收资本				
库存商品					资本公积				
固定资产					未分配利润				
长期投资									

练习六

目的：掌握总分类账户与明细分类账户的平行登记。

资料：某企业20××年5月"应收账款"总分类账及所属明细分类账的账户记录如下（单位：元）。

应收账款（总账）

期初余额 36 000	
本期发生额 56 000	本期发生额（ ）
期末余额 （ ）	

应收账款——甲公司

期初余额 12 000	
本期发生额 16 500	本期发生额（ ）
期末余额 （ ）	

应收账款——乙公司

期初余额 10 000	
本期发生额（ ）	本期发生额（ ）
期末余额 13 000	

应收账款——丙公司

期初余额 （ ）	
本期发生额 23 000	本期发生额 14 100
期末余额 （ ）	

要求：填写空白处金额。

第三章

工业企业主要业务过程核算 »

学习目标

掌握工业企业的主要经济业务的记录，包括筹建业务、投资采购业务、生产业务、销售业务等，通过对工业企业业务流程的学习，掌握账户及复式记账的具体运用。

第一节　筹建业务核算

企业的运行首先需要足够的资金，筹资的渠道是投资人投资或是向债权人借款，因此企业的资金由权益资金和负债资金两部分组成。权益资金是企业投资及其增值中留存企业的部分，是投资人在企业中享有权益和承担责任的依据。在企业账面上体现为权益资本，包括实收资本、资本公积、盈余公积和未分配利润等。负债资金是银行或其他金融机构借给企业使用的资金或提供的商业信用等，包括短期借款、长期借款、应付债券、长期应付款等。

一、账户的设置

（一）实收资本

实收资本是指投资者按照企业规章或合同的规定，投入企业的资本（股份有限公司为股本）。企业收到的实收资本来源可以是国家、个人、法人、外商等，形态可以是货币形式，也可以是房屋、知识产权、土地使用权等实物和无形资产。该账户属于所有者权益类的账户，贷方登记企业实际收到的资本数，借方一般没有发生额，除非企业按法定程序减少投资额才有减少数。本账户应按投资者设置明细分类账。

（二）资本公积

资本公积是投资人投入企业的资金超过注册资本的那部分资金，其所有权属于投资人。该账户属于所有者权益类账户，贷方登记企业取得的资本公积金数额，借方登记资本公积金的减少数，期末贷方余额，表示企业资本公积金的实际结存数额。

（三）短期借款

短期借款是用来核算企业向银行或其他金融机构借入的期限在 1 年内（含 1 年）的各种借款。该账户属于负债类账户，贷方登记借入的各种短期借款，借方登记偿还的各种短期借款。本账户应按照贷款人和贷款币种设置明细分类账。

（四）长期借款

长期借款是用来核算企业向银行或其他金融机构借入的期限在 1 年以上（不含 1 年）的各种借款。该账户属于负债类账户，贷方登记借入的各种长期借款，借方登记偿还的各种长期借款，其贷方余额表示尚未偿还的各种长期借款。

（五）固定资产

固定资产是用来核算企业为生产商品、提供劳务、出租或经营管理而持有的使用寿命超过一个会计年度的有形资产的原价。该账户属于资产类账户，借方登记固定资产增加的原始价值，贷方登记固定资产减少的原始价值。

（六）无形资产

无形资产是企业拥有或控制的没有实物形态的可辨认非货币性资产，如专利权、非专利技术、商标权、著作权、特许权、土地使用权等。该账户属于资产类账户，借方登记取得无形资产的成本，贷方登记出售无形资产转出的无形资产账面余额，期末借方余额，反映企业无形资产的成本。该账户应按无形资产项目设置明细账。

（七）财务费用

财务费用指企业在生产经营过程中为筹集资金而发生的各项费用。包括企业生产经营期间发生的利息支出（减利息收入）、汇兑净损失、金融机构手续费，以及筹资发生的其他财务费用如债券印刷费、国外借款担保费等。该账户属于损益类账户，借方登记财务费用发生的数额，贷方登记财务费用转出的数额，期末结转入“本年利润”账户后，财务费用账户应该没有余额。

二、筹建业务的核算

（一）实收资本的核算

【例题3－1】某企业收到国家投入的资金500 000元，已经存入银行。

编制会计分录如下：

借：银行存款　　500 000

　贷：实收资本　　500 000

该题中，企业收到国家投资属于实收资本，实收资本是所有者权益类账户，增加记在贷方，银行存款的增加记在借方。

【例题3－2】该企业收到投资者投入的资金200 000元，一台机床价值100 000元，实物已经验收。

编制会计分录如下：

借：银行存款　　200 000

　　固定资产　　100 000

　贷：实收资本　　300 000

【例题3－3】企业收到了张某投资的一项发明专利，约定价值为70 000元，按照投资比例，张某的投资应为50 000元。

编制会计分录如下：

借：无形资产　　70 000

　贷：实收资本——张某　　50 000

　　　资本公积　　20 000

投资人投入超过约定的部分属于资本公积，资本公积账户是所有者权益类账户，增加记在贷方。发明专利是无形资产的一种，无形资产增加记在借方。

（二）借入资金的核算

【例题3－4】企业因季节性生产资金短缺，向银行借入了资金30 000元，借款期限为3个月。

编制会计分录如下：

借：银行存款　　30 000

　贷：短期借款　　30 000

【例题 3－5】企业向银行借入 2 年期借款 20 000 元，利率为 3.5%，到期还本付息。

编制会计分录如下：

借：银行存款　　20 000

　贷：长期借款　　20 000

【例题 3－6】上题中的借款计提利息。

20 000 × 3.5% = 7 000（元）

编制会计分录如下：

借：财务费用　　7 000

　贷：长期借款——利息调整　　7 000

该题中涉及了财务费用这个账户，财务费用是企业为筹集生产经营所需资金等而发生的筹资费用，包括利息支出（减利息收入）、汇兑损益以及相关的手续费等。财务费用是费用类账户，借方登记费用的增加数额，贷方登记费用支付之后的减少数额。

【例题 3－7】企业因建厂房的需要，购置了一批建筑材料 40 000 元，向银行借入长期借款支付了价款。

向银行借款时的分录：借：银行存款　　40 000

　　贷：长期借款　　40 000

用银行借款支付时的分录：借：工程物资　　40 000

　　贷：银行存款　　40 000

该题中涉及了工程物资账户，工程物资是核算企业为在建工程而准备的各种物资的实际成本，该账户借方登记企业购入工程物资的成本，贷方登记领用工程物资的成本。

第二节　采购业务核算

采购业务是工业企业经营过程的第一个环节，主要工作是采购生产所需要的材料。企业用货币买回各种材料如原材料、辅助材料之后，将在生产中逐渐消耗这些材料。通过采购业务我们可以计算企业的采购成本，检查材料采购计划的执行情况，考核储备资金的使用情况。

材料采购成本的内容包括以下几个方面：

（1）买价（供货单位的发票价格）；

（2）运杂费（包括运输费、装卸费、保险费、包装费、仓储费、入库前的挑选整理费等）；

（3）购入材料应负担的相关税金和其他费用。

一、账户的设置

（一）在途物资

在途物资账户用于企业采用实际成本进行材料、商品等物资的日常核算，登记货款已经支付但是尚未入库的各种物资（在计划成本法下设置为材料采购账户）。该账户属于资产类账户，借方登记企业购入的在途物资的实际成本，贷方登记验收入库的在途物资的实际成本，期末余额在借方，反映企业在途物资的采购成本。

（二）原材料

原材料账户用于核算库存各种材料的收发与结存情况。该账户属于资产类账户，借方登记入库材料的实际成本，贷方登记发出材料的实际成本，期末余额在借方，反映企业库存材料的实际成本。这个账户应按照原材料的保管地点、材料的类别、品种和规格设置明细账。

（三）应付账款

应付账款是企业因购买材料、商品或接受劳务等经营活动应支付的款项。该账户贷方登记企业的应付数额，借方登记偿还的应付款项，或开出商业汇票抵付应付账款的款项，或已冲销的无法支付的应付账款，余额一般在贷方，表示企业尚未支付的应付账款的余额。本账户一般按照债权人设置明细账。

（四）应付票据

应付票据是指企业购买材料、商品和接受劳务等开出的、委托付款人在指定日期无条件支付特定的金额给收款人或者持票人的商业汇票，包括商业承兑汇票和银行承兑汇票两种。该账户贷方登记开出、承兑商业汇票的面值，借方登记支付票据的金额，余额在贷方，表示尚未到期的商业汇票的票面金额。企业应当设置“应付票据备查簿”，详细登记商业汇票的种类、号数和出票日期、到期日、票面金额、签发日期、收款人、付款人等资料。

（五）应交税费

应交税费是为核算企业各种税费的交纳情况而设置的账户。企业根据税法规定应交纳的各种税费包括增值税、消费税、营业税、资源税、城市维护建设税、企业所得税等。该账户为负债类账户，贷方登记应交纳的各种税费，借方登记实际已交纳的各种税费。期末余额在借方，表示企业多交和尚未抵扣的税费，期末余额在贷方，表示尚未交纳的税费。企业交纳的印花税、耕地占用税等不需要预计应交纳的税金，不通过应交税费账户核算。

（六）预付账款

预付账款是为向供应单位预付购买材料款项而与供应单位发生债权结算而设置的账户，该账户是资产类账户，其借方登记向供应单位预付的货款和补付的款项，贷方登记收到供货单位提供的材料、冲销原预付货款和退回多付的款项。期末余额一般在借方，表示尚未结算的预付货款。如果余额在贷方，表示尚未补付的预付货款。本账户应按照供货单位设置明细账。

二、采购业务的核算

【例题3－8】某企业用6个月的面值为117 000元的商业汇票购买一批原材料，该批材料价款为100 000元，增值税额为17 000元，材料尚未入库。

编制会计分录如下：

借：在途物资	100 000	
应交税费——应交增值税（进项税额）	17 000	
贷：应付票据		117 000

该例题中，购买了原材料尚未收到，因此在途物资增加，在途物资属于资产类账户，增加记入借方。发生了应抵扣的应交税费，是负债类账户的减少，记入应交税费的借方。款项用商业汇票结算，是负债类账户的增加，记入应付票据账户的贷方。

【例题3－9】企业用银行存款20 000元预付给甲公司，用于购买原材料。

编制会计分录如下：

借：预付账款	20 000	
贷：银行存款		20 000

【例题3－10】【例题3－8】中购买的原材料已到，并验收入库。

编制会计分录如下：

借：原材料	100 000	
贷：在途物资		100 000

【例题3－11】企业收到甲公司发来的原材料，已验收入库。材料款20 000元，运费340元，增值税3 400元。冲销原预付款后，不足部分以银行存款支付。

编制会计分录如下：

借：原材料　　20 340

　　应交税费——应交增值税（进项税额）　　3 400

　贷：预付账款　　20 000

　　　银行存款　　3 740

第三节　生产业务核算

生产过程是工业企业资金运行的第二个环节，也是企业经营过程中的核心环节。在该过程中，劳动资料、劳动力和劳动对象被不断消耗，产品被生产出来。在生产过程中发生的各种耗费又称为生产费用，包括生产耗费的原材料、辅助材料、燃料、动力、生产工人工资福利费、厂房和设备折旧等，这些费用最终要归集、分配到产品中去，形成产品的制造成本。

一、账户的设置

（一）生产成本

生产成本账户是用来核算企业进行工业生产发生的各项生产成本，包括生产各种产品（产成品、自制半成品等）、自制材料、自制工具、自制设备等。该账户借方登记为制造产品而直接发生的原材料、车间工人工资及福利费等；贷方登记生产完工并验收入库的产成品、自制半成品。期末余额一般在借方，表示尚未加工完成的各项在产品的成本。本账户可按“基本生产成本”和“辅助生产成本”设置明细账。

（二）制造费用

制造费用是为生产产品和提供劳务而发生的各种间接费用，如车间、分厂管理人员、技术人员的工资和福利费，车间使用的固定资产折旧费和修理费以及办公费、水电费、机物料消耗、劳动保护费、季节性停工损失、修理期间的停工损失等。该账户属于成本类账户，借方登记生产产品的各项间接费用，贷方登记应由各产品负担的制造费用的结转数。该账户期末一般无余额。

（三）库存商品

该账户是用来核算企业库存的各种商品的实际成本，包括库存产成品、外购商品等。工业生产企业的库存商品主要是产成品，该账户用于核算企业已完成全部生产过程并已验收入库的可供销售的产成品的实际成本。本账户借方登记已经生产完工且验收入库的各种产品的实际生产成本，贷方登记结转已出售的各种商品的销售成本。期末借方余额表示企业库存商品的实际成本。

（四）应付职工薪酬

职工薪酬是企业根据有关规定支付给职工的各种薪酬，包括职工工资、奖金、津贴、福利费、工会经费、职工教育经费、社会保险费、住房公积金等。应付职工薪酬账户是负债类账户，贷方登记应付职工的各项薪酬，借方登记实际支付给职工的薪酬，期末余额为贷方时，表示应付未付的薪酬，为借方时，表示提前多支付的薪酬。该账户可按照“工资”、“职工福利”等设置明细账。

（五）累计折旧

累计折旧账户是固定资产的备抵账户，用来核算固定资产因损耗而减少的价值。该账户是资产类账户，贷方登记每月固定资产折旧的提取数，即累计折旧的增加数，借方登记出售、报废、毁损和盘亏固定资产的已提折旧额，即累计折旧的减少数。固定资产添置的当月可以不提折旧，月份内停止使用的固定资产，当月仍要计提折旧。期末余额在贷方。月末，将固定资产账户的借方余额（即现有固定资产原值）减去累计折旧贷方余额（即现有固定资产已累计提取的折旧额），则为现有固定资产的净值或折余价值。

（六）管理费用

企业为组织和管理企业生产经营所发生的费用属于管理费用，管理费用包括企业在筹建期间的开办费、行政管理部门人员的职工薪酬、折旧费、办公费、水电费、业务招待费、中介机构费、咨询费、技术转让费、研究费、矿产资源补偿费、房产税、车船税、土地使用税、印花税等。该账户为损益类账户，借方登记发生的各项管理费用，期末贷方余额转入“本年利润”账户，结转后账户无余额。

二、生产过程核算

生产过程主要包括以下业务，车间从仓库领取原材料投入产品的生产制造，使用固定资产产生折旧，计提和发放职工的工资和福利费，分配制造费用、计算产品成本，产品完工结转产品的实际成本等。

【例题 3 - 12】某企业 2011 年 3 月发生经济业务内容如下：

生产车间从仓库领取各种原材料准备投入生产。其中用于生产 A 产品的甲材料1 000元，乙材料3 000元，用于生产B产品的甲材料1 100元，乙材料1 800元。其余领用耗用情况如表3－1所示：

表3－1 原材料领用情况表

单位：元

项目	甲材料	乙材料	合计
生产产品领用			
A产品	1 000	3 000	4 000
B产品	1 100	1 800	2 900
车间一般耗用	300		300
行政管理部门耗用		500	500
合计	2 400	5 300	7 700

编制会计分录如下：

借：生产成本——A产品 4 000

——B产品 2 900

制造费用 300

管理费用 500

贷：原材料——甲材料 2 400

——乙材料 5 300

该题中，生产A、B产品领用的材料属于直接材料，记入“生产成本”，车间一般耗用属于间接费用，记入“制造费用”，行政管理部门的耗用属于期间费用，记入“管理费用”。

【例题3－13】结算本月应付职工工资共11 000元，生产A产品工人的工资为4 000元，生产B产品工人的工资为3 500元，车间管理人员工资为1 000元，行政管理部门人员工资为2 500元。

编制会计分录如下：

借：生产成本——A产品 4 000

——B产品 3 500

制造费用 1 000

管理费用 2 500

贷：应付职工薪酬——工资 11 000

该题中，企业车间管理人员工资属于直接费用，记入“制造费用”，行政管理人员工资属于期间费用，记入“管理费用”。应付职工薪酬属于负债类科目，计提时负债的增加记入贷方。

【例题 3－14】计提本月固定资产折旧，车间使用厂房、机器设备等固定资产折旧为 500 元，管理部门使用固定资产折旧为 300 元。

编制会计分录如下：

借：制造费用　　500
　　管理费用　　300
　贷：累计折旧　　800

该题中，车间和管理部门对固定资产的耗用使企业累计折旧增加，记入累计折旧账户的贷方。

【例题 3－15】按应付工资总额比例计提 14% 的职工福利费用。

编制会计分录如下：

借：生产成本——A 产品　　560
　　　　　　——B 产品　　490
　　制造费用　　140
　　管理费用　　350
　贷：应付职工薪酬——职工福利　　1 540

计提生产工人的福利费记入“生产成本”，计提车间人员的福利费记入“制造费用”，计提行政管理人员福利费记入“管理费用”。

【例题 3－16】从银行提取现金以备发放职工工资。

编制会计分录如下：

借：库存现金　　11 000
　贷：银行存款　　11 000

【例题 3－17】以银行存款支付了本月车间负担的修理费 200 元。

编制会计分录如下：

借：制造费用　　200
　贷：银行存款　　200

【例题 3－18】本月生产 A 产品 100 件，已全部加工完成验收入库，实际成本为 9 700 元，B 产品尚未加工完毕。

编制会计分录如下：

借：库存商品——A 产品　　9 700

　贷：生产成本　　9 700

【例题 3－19】月末，将制造费用总额 2 140 元，转入生产成本。

编制会计分录如下：

借：生产成本　　2 140

　贷：制造费用　　2 140

三、产品成本的核算

产品成本的核算就是将企业生产过程中为制造产品而发生的各项费用，按各种产品进行归集和分配，计算出各种产品的总成本和单位成本。

在生产过程中，有的消耗直接用于产品生产，如直接材料、直接人工等，有的间接用于产品生产，如制造费用等。

直接材料是指为生产产品而耗用的原材料、辅助材料、备品备件、外购半成品、燃料、动力、包装物、低值易耗品，以及其他直接材料和电力、蒸汽等动力。

直接人工是指直接从事产品生产的人员的工资、奖金、津贴和补贴、职工福利费、社会保险费等。

在进行产品成本核算时，需要将产品生产过程中发生的各项耗用进行归集分配。直接生产费用均应直接计入各个成本核算对象，如直接消耗的材料就借记入“生产成本”；不能直接计入各个成本核算对象的，发生时先记在“制造费用”账户归集，月末再按照适当标准进行分配，分别记入各成本核算对象，分配时可以按照生产工人工资或工人工时、机器的生产工时等进行。

【例题 3－20】据前例整理得表 3－2，计算完工产品和未完工产品成本。

表 3－2　　A、B 产品生产费用汇总

单位：元

产品名称	完工产品数量	直接材料	直接人工	制造费用	合计
A 产品	100	4 000	4 560	2 140	
B 产品	—	2 900	3 990		
合计	—	6 900	8 550	2 140	17 590

该题中，直接材料和直接人工都可以直接归集入A产品和B产品的成本，但制造费用是A、B两种产品共同耗费的，每种产品具体耗用多少需要进一步计算。我们可以按照生产工人的工资来进行归集分配制造费用。

$$每元工资应负担的制造费用=\frac{2\,140}{4\,560+3\,990}=0.250\,3\ (元)$$

A产品应分摊的制造费用 $=4\,560\times0.250\,3=1\,141.3$（元）

B产品应分摊的制造费用 $=3\,990\times0.250\,3=998.7$（元）

根据计算的结果填入产品成本明细账，如表3－3和表3－4所示：

表3－3　　**生产成本明细分类账**

产品名称：A产品　　单位：元

2011年		凭证号数	摘要	直接材料	直接人工	制造费用	合计
月	日						
3	略	略	期初在产品成本				
			原材料费用	4 000			4 000
			生产工人工资		4 000		4 000
			生产工人福利费		560		560
			车间制造费用			1 141.3	1 141.3
			合计	4 000	4 560	1 141.3	9 701.3
			本月完工产品成本	4 000	4 560	1 141.3	9 701.3
			期末余额				0

表3－4　　**生产成本明细分类账**

产品名称：B产品　　单位：元

2011年		凭证号数	摘要	直接材料	直接人工	制造费用	合计
月	日						
3	略	略	期初在产品成本				
			原材料费用	2 900			2 900
			生产工人工资		3 500		3 500
			生产工人福利费		490		490
			车间制造费用			998.7	998.7
			合计	2 900	3 990	998.7	7 888.7
			本月完工产品成本				
			期末余额	2 900	3 990	998.7	7 888.7

第四节　销售业务核算

销售业务是企业资金循环的第三个阶段，也是生产经营的最终环节。企业将产品销售出去或提供工业性劳务从而获得货币资金再投入生产，保证了工业生产的循环进行。这当中，会发生一定的销售费用，并且按规定计算应交纳的销售税金和附加。

一、账户的设置

（一）主营业务收入

主营业务收入是指企业为完成其经营目标所从事的经常性活动实现的收入。它是企业总收入中的重要来源，包括销售产品、自制半成品，提供工业性劳务等实现的收入。该账户是损益类账户，贷方登记企业销售产品或提供劳务及让渡资产使用权等产生的收入，借方登记期末结转到本年利润账户的数额，期末结转后无余额。

（二）主营业务成本

主营业务成本是用来核算销售产品、提供劳务等主营业务发生的直接成本，主要包括原材料、人工成本（工资）和固定资产折旧等。该账户为损益类账户，借方登记已销售的产品、自制半成品和提供工业性劳务的成本，贷方登记期末转入本年利润账户的数额，期末结转后无余额。

（三）营业税金及附加

营业税金及附加是为了核算企业应负担的价内流转税及应上交的有关费用，如消费税、营业税、资源税、城市维护建设税、教育费附加等。该账户为损益类账户，借方登记营业税金及附加的发生额，期末通过贷方转入本年利润账户借方，期末结转后无余额。

（四）应收账款

应收账款是用来核算企业因销售商品、产品、自制半成品，提供劳务等，应向购货单位或接受劳务的单位收取的款项。该账户借方登记发生经营收入的应收款和已转作坏账损失又收回的应收款，以及代购货单位垫付的包装、运杂费等，贷方登记实际收到的应收款项和企业将应收款改用商业汇票结算而收到承兑的商业汇票，以及转作坏账损失的应收账款，月末借方余额表示应收但尚未收到的款项。

（五）预收账款

预收账款是用来核算企业按照合同规定向购货单位预收的款项，属于负债类账户，该账户贷方登记预收购货单位的款项和购货单位补付的款项，借方登记向购货单位发出商品销售实现的货款和退回多付的款项。该账户期末余额一般在贷方，表示预收购货单位的款项。

（六）销售费用

销售费用是用来核算企业在销售商品过程中发生的费用，包括运输费、装卸费、包装费、保险费、展览费和广告费，以及为销售本企业商品而专设的销售机构的工人工资及福利费等经营费用。该账户借方登记发生的各种销售费用，贷方登记转入本年利润账户的销售费用。期末结转后该账户没有余额。

二、销售业务的核算

【例题 3－21】某企业 2008 年 7 月份销售业务如下：

向甲工厂出售 A 产品 500 件，每件售价 60 元，增值税率 17%，货款已收存银行。

编制会计分录如下：

借：银行存款	35 100	
贷：主营业务收入		30 000
应交税费——应交增值税（销项税额）		5 100

$500 \times 60 = 30\ 000$（元）

$30\ 000 \times 17\% = 5\ 100$（元）

该题中销售产品属于主营业务收入，主营业务收入是损益类账户，增加记入贷方。

【例题 3－22】向乙工厂出售 B 产品 300 件，每件 150 元，增值税率 17%，货款尚未收到。

编制会计分录如下：

借：应收账款	52 650	
贷：主营业务收入		45 000
应交税费——应交增值税（销项税额）		7 650

该题中，销售的货款没有收到，记为应收账款，应收账款是资产类账户，增加记在借方。

【例题3-23】结转已销售的商品的成本9 000元。

编制会计分录如下：

借：主营业务成本　　9 000

　贷：库存商品　　9 000

该题中，已经销售出去的库存商品成本应记在主营业务成本账户，主营业务成本是损益类账户中的费用类，增加记在借方。

【例题3-24】以现金支付产品销售包装费500元。

编制会计分录如下：

借：销售费用　　500

　贷：库存现金　　500

该题中，销售产品的包装费用属于销售费用，销售费用账户是损益类账户的费用类，增加记在借方。

【例题3-25】已与丙公司签订了合同，出售B产品400件，每件150元，丙公司预付了70 200元的货款。增值税率为17%，消费税率为45%。

编制会计分录如下：

借：银行存款　　70 200

　贷：预收账款　　70 200

借：营业税金及附加　　27 000

　贷：应交税费——应交消费税　　27 000

该题中涉及营业税金及附加和应交税费账户，计提的消费税计入当期损益，记入营业税金及附加账户的借方，同时，应交纳的税金增加，记入应交税费账户的贷方。

【例题3-26】向丙公司发出所需的货物。

借：预收账款　　70 200

　贷：主营业务收入　　60 000

　　　应交税费——应交增值税（销项税额）　　10 200

第五节　利润的形成与分配核算

企业在一定会计期间内的利润或亏损称为经营成果。企业经营活动的最终目的是创造收入，抵补其成本费用，实现利润，不断提高企业的盈利水平。

一、利润的构成

根据企业核算的实际情况，利润分为三个层次：营业利润、利润总额、净利润。

营业利润＝主营业务收入＋其他业务收入－主营业务成本－其他业务成本－营业税金及附加－销售费用－管理费用－财务费用－资产减值损失＋投资收益（－损失）＋公允价值变动收益（－损失）

利润总额＝营业利润＋营业外收入－营业外支出

净利润＝利润总额－所得税费用

二、账户的设置

（一）本年利润

该账户是用来核算企业在当期实现的净利润或发生的净亏损。账户的贷方登记各项收入转入的余额，借方登记各项支出转入的余额。期末，借方和贷方相抵后，贷方余额表示当期的净利润，借方余额表示当期净亏损。年终，本年实现的净利润全部转入利润分配账户的贷方（如为亏损作相反分录），结转后无余额。

（二）其他业务收入

其他业务收入是核算企业确认除主营业务活动以外的其他经营活动实现的收入，如销售材料，代购代销，出租固定资产、无形资产、包装物、商品等或提供劳务的收入。贷方登记本期其他业务发生的收入，借方登记期末余额转入本年利润账户数额，结转后无余额。

（三）其他业务成本

该账户用来核算企业确认主营业务活动以外的其他经营活动所发生的支出，包括销售材料成本、提供劳务、出租固定资产的折旧额、出租无形资产的摊销额、出租包装物的成本或摊销额等。该账户借方登记发生数，贷方登记期末余额转入本年利润账户的数额，结转后无余额。

（四）营业外收入

营业外收入是核算企业发生的与企业生产经营无直接关系的各项收入，包括固定资产的盘盈和出售净收益、罚款收入、因债权人原因确实无法支付的应付款项等。贷方登记企业营业外收入发生的数额，借方登记期末转入本年利润账户的数额，期末结转后无余额。

（五）营业外支出

营业外支出是核算企业发生的与企业生产经营无直接关系的各项支出，包括固定资产盘亏、报废、毁损和出售，非季节性和非修理期间的停工损失，公益救济性捐赠，赔偿金，违约金等。该账户为损益类账户，借方登记企业发生的营业外支出，贷方登记期末转入本年利润账户的数额，期末结转后无余额。

（六）投资收益

投资收益是核算企业对外投资的收益或发生的损失。该账户的贷方登记取得的投资收益或期末投资净损失的转出数，借方登记投资损失和期末投资净收益的转出数，期末结转后该账户无余额。

（七）所得税费用

所得税费用是核算企业按规定从本期损益中减去的所得税。该账户的借方登记企业按税法规定的应纳税所得计算的应纳所得税额，贷方登记企业会计期末转入本年利润账户的所得税额，结转后该账户无余额。

（八）财务费用

财务费用是核算企业为筹集生产所需资金等而发生的筹资费用，包括利息支出（减利息收入）、汇兑损益以及相关的手续费、企业发生的现金折扣或收到的现金折扣等。该账户是损益类账户，借方登记发生的各项财务费用，贷方登记期末余额转入本年利润账户的数额，结转后无余额。

（九）待摊费用

待摊费用账户是用来归集和分配本期已经发生，但是应该由本期和以后各期共同负担的费用。这些费用发生后，由于其受益期比较长，按照权责发生制原则，不应由本期全部负担，而应由本期和以后各期共同负担。待摊费用包括固定资产大修理费、预付的租金、预付的保险费、低值易耗品摊销、出租出借包装物摊销、报刊杂志订阅费等。待摊费用的摊销期最长为一年，若摊销期超过一年，应作为长期待摊费用核算。该科目的借方登记所发生的各项待摊费用，贷方登记分配转出的待摊费用。发生待摊费用时，借记“待摊费用”科目，贷记“银行存款”、“包装物”、“低值易耗品”等科目。分配待摊费用时，按待摊费用的受益对象，借记有关的成本费用科目，贷记“待摊费用”。待摊费用应按具体种类进行明细核算。

（十）利润分配

利润分配是用来核算企业利润的分配（或亏损的弥补）和历年分配（或弥补）后利润的留存数。该账户是所有者权益类账户，借方登记企业提取盈余公积、应付普通股股利等利润分配的分配数，贷方登记年终转入的本年利润总额。年末，借方余额表示历年结存的未弥补亏损，贷方余额表示历年结存的未分配利润。该账户一般设置“提取法定盈余公积”、“提取任意盈余公积”、“应付现金股利或利润”、“未分配利润”等二级科目进行明细核算。

年度终结时，企业将全年的净利润或发生的净亏损自“本年利润”账户转入“利润分配——未分配利润”账户，并将“利润分配”账户所属其他明细账户的余额转入“利润分配——未分配利润”明细账户。结转后“利润分配——未分配利润”账户如为贷方余额，表示累积未分配的利润数额，如有借方余额，则表示累积未弥补的亏损数额。

表 3－5　　利润分配账户的结构

借方　　利润分配账户　　贷方

借方	贷方
已分配的利润，如提取盈余公积金、应付给投资者的利润数额	“本年利润”转入数
期末余额：累积发生的亏损	期末余额：累积的未分配利润

（十一）盈余公积

为了反映和监督盈余公积的提取和使用情况，企业应设置盈余公积总分类账户，它属所有者权益类账户。该账户贷方反映盈余公积提取的情况，借方反映提取盈余公积的使用情况，如弥补亏损、转增资本、分配红利等；期末贷方余额，反映企业提取尚未使用的盈余公积结存数。该账户可以分别设二级科目“法定盈余公积”和“任意盈余公积”进行明细核算。

三、利润形成的核算

【例题3-27】该企业11月30日损益类账户的余额如表3-6所示：

表3-5　　某企业11月30日损益类账户余额

单位：元

账户名称	借方累计余额	贷方累计余额
主营业务收入		500 000
主营业务成本	375 000	
营业税金及附加	30 000	
销售费用	20 000	

12月，该企业按5%计算销售产品应交纳的消费税5 000元。

编制会计分录如下：

借：营业税金及附加　　5 000

　贷：应交税费——应交消费税　　5 000

该题中计提消费税为消费税的增加，记入营业税金及附加账户的借方，同时应交税费是负债类账户，增加记入贷方。

【例题3-28】12月支付下一年度的报刊订阅费360元。

编制会计分录如下：

借：待摊费用　　360

　贷：库存现金　　360

该题中支付的报刊订阅费，其摊销期为下一年度的每个月份，因此记入待摊费用账户，待摊费用属于资产类账户，增加记在借方。

【例题3-29】以银行存款支付行政管理部门的办公经费300元。

编制会计分录如下：

借：管理费用　　300

　贷：银行存款　　300

【例题3-30】以银行存款支付银行借款利息1 000元。

编制会计分录如下：

借：财务费用　　1 000

　贷：银行存款　　1 000

财务费用是损益类账户的费用类，发生财务费用（利息）时记入财务费用的借方。

【例题3－31】销售了一批原材料，价款为6 000元，增值税率为17%，已存入银行。

编制会计分录如下：

借：银行存款　　7 020

　贷：其他业务收入　　6 000

　　应交税费——应交增值税（进项税额转出）　　1 020

该题中业务属于商品销售之外的其他销售，应记入其他业务收入及应交税费账户的贷方。

【例题3－32】企业在财产清查时发现账外设备一台，其市场价值为10 000元，经批准转作营业外收入。

编制会计分录如下：

借：待处理财产损溢——待处理固定资产损溢　　10 000

　贷：营业外收入　　10 000

该题中固定资产清查的收入属于非流动资产处置利得，应记入“营业外收入”账户。

【例题3－33】以现金支付交通违章罚款200元。

编制会计分录如下：

借：营业外支出　　200

　贷：库存现金　　200

【例题3－34】企业从投资业务中获得利润5 000元，已存入银行。

编制会计分录如下：

借：银行存款　　5 000

　贷：投资收益　　5 000

【例题3－35】将各期损益类账户余额转入本年利润账户。

将收入类账户余额转入本年利润账户，编制会计分录如下：

借：主营业务收入　　500 000

　　其他业务收入　　6 000

　　营业外收入　　10 000

　　投资收益　　5 000

　贷：本年利润　　521 000

将费用类账户余额转入本年利润账户，编制会计分录如下：

借：本年利润　431 500
　贷：主营业务成本　375 000
　　销售费用　20 000
　　营业税金及附加　35 000
　　管理费用　300
　　财务费用　1 000
　　营业外支出　200

四、利润分配的核算

利润的分配是企业根据国家的相关规定和企业的规章制度，对企业当年可供分配的利润所进行的分配。企业利润分配的顺序是：

（1）提取法定盈余公积金；
（2）提取任意盈余公积金；
（3）向投资者分配股利。

【例题 3-36】企业实现利润总额 85 500 元，按 25% 计算应交纳的所得税。

85 500 × 25% = 21 375（元）

借：所得税费用　21 375
　贷：应交税费——应交所得税　21 375

【例题 3-37】按 10% 计提应提取的法定盈余公积金。

85 500 − 21 375 = 64 125（元）

64 125 × 10% = 6 412.5（元）

借：本年利润　64 125
　贷：利润分配——未分配利润　64 125
借：利润分配——提取法定盈余公积　6 412.5
　贷：盈余公积——法定盈余公积　6 412.5

【例题 3-38】按税后利润的 10% 计算登记应付给股东的利润。

64 125 × 10% = 6 412.5（元）

借：利润分配——应付普通股股利　6 412.5
　贷：应付股利　6 412.5

【例题 3 - 39】年终决算时，将提取的盈余公积和应付股利结转到本年利润。

借：利润分配——未分配利润　　12 825

　贷：利润分配——提取法定盈余公积　　6 412.5

　　　利润分配——应付普通股股利　　6 412.5

第六节　投资业务

一、账户的设置

（一）交易性金融资产

该账户是用来核算企业为交易目的所持有的交易性金融资产的公允价值。它主要是指企业为了近期内出售而持有的金融资产，例如企业以赚取差价为目的进行的股票投资、债券投资、基金投资等。借方登记交易性金融资产的取得成本，贷方登记出售交易性金融资产的公允价值。

（二）公允价值变动损益

该账户属于损益类账户。其借方核算因公允价值变动而形成的损失金额和贷方发生额的转出额；贷方核算因公允价值变动而形成的收益金额和借方发生额的转出额。期末，应将本账户余额转入本年利润账户，结转后本账户无余额。

（三）长期股权投资

长期股权投资是核算企业持有的企业合并形成的或以支取现金、非现金资产等其他方式形成的各种股权性质的投资。借方登记各种长期股权投资的价值，贷方登记实际收回长期股权投资的价值，如有差额应记入投资收益账户的贷方（收益）或借方（损失）。期末借方余额表示长期股权投资的成本。

（四）投资收益

投资收益是对外投资所取得的利润、股利和债券利息等收入减去投资损失后的净收益，属于损益类账户。期末，应将本账户余额转入本年利润账户，本账户结转后无余额。

二、投资业务的核算

【例题 3 - 40】某企业 6 月 1 日购买股票 10 000 股，每股价格为 11 元。交易费用为 5 000 元。

编制会计分录如下：

借：交易性金融资产——成本　　110 000

　　投资收益　　500

　贷：银行存款　　110 500

【例题3－41】企业得知购买的股票将派发现金股利每股0.4元。

10 000×0.4＝4 000（元）

编制会计分录如下：

借：应收股利　　4 000

　贷：投资收益　　4 000

【例题3－42】收到现金股利4 000元，已存入银行。

编制会计分录如下：

借：银行存款　　4 000

　贷：应收股利　　4 000

【例题3－43】9月20日，确认股票价格变动为每股12元。

10 000×（12－11）＝10 000（元）

编制会计分录如下：

借：交易性金融资产——公允价值变动　　10 000

　贷：公允价值变动损益　　10 000

【例题3－44】12月20日，该企业出售持有的股票，实际收到130 000元。

借：银行存款　　130 000

　　公允价值变动损益　　10 000

　贷：交易性金融资产——成本　　110 000

　　　　　　　　　　——公允价值变动　　10 000

　　　投资收益　　20 000

【例题3－45】某家公司于某年5月1日以本公司的固定资产为资本对乙公司作长期股权投资，该固定资产原值为15万元，已计提折旧4万元。

借：固定资产清理　　110 000

　　累计折旧　　40 000

　贷：固定资产　　150 000

借：长期股权投资　　110 000
　贷：固定资产清理　　150 000

复习思考题

1. 简述工业企业主要经营业务的核算。
2. 企业筹资方式有哪几种？
3. 企业材料采购成本由哪几部分构成？
4. 固定资产的确认条件是什么？
5. 累计折旧账户与固定资产账户的关系是什么？
6. 什么是生产成本？什么是制造费用？两者的区别是什么？
7. 企业生产过程中的制造费用分摊时可以依据哪些方法？
8. 记录产品销售业务应设置哪些账户？
9. 销售过程中，业务核算的会计处理主要包括哪些内容？
10. 企业实现的净利润应按照什么顺序进行分配？

一、名词解释

1. 实收资本　　2. 固定资产　　3. 无形资产
4. 应付票据　　5. 制造费用　　6. 财务成果
7. 待摊费用　　8. 营业外收入　　9. 营业外支出

二、填空题

1. 工业企业的主要经济业务包括________、________、生产业务和________、________。

2. 企业筹集资金的渠道有两种：一种是________；另一种是________。

3. 企业收到的投资可以是国家、________、________、外商等投入的。

4. 企业收到投资的形式可以是货币形态，也可以是实物形态或______。

5. 向金融机构借款根据时间的长短可以分为________和________。

6. 固定资产的使用寿命通常为______以上。

7. 无形资产是企业拥有或控制的没有实物形态的________资产，如专利权、非专利技术等。

8. 财务费用账户属于______账户，其借方登记________，贷方登记________，期末一般______余额。

9. 材料采购成本包括买价、__________、_______________。

10. 材料采购账户属于______账户，其借方登记________，贷方登记

________，期末余额表示____________。

11. 应付账款账户属于______账户，其借方登记________，贷方登记________，期末余额表示____________。

12. 生产成本账户属于______账户，其借方登记________，贷方登记________，期末余额在______，表示____________。

13. 制造费用账户属于______账户，其借方登记________，贷方登记________，期末______余额。

14. 累计折旧是______账户，其借方登记________，贷方登记________，期末余额表示__________。

15. 主营业务收入账户属于______账户，其借方登记________，贷方登记________，期末余额将转入________。

16. 财务成果是企业一定会计期间取得的体现在财务上的经营成果，即盈利或亏损，它包括营业利润、__________、________。

17. 利润总额的公式是________、__________之和再减去__________。

18. 利润的分配顺序是__________、__________、__________。

19. 利润分配账户属于______账户，其借方登记________，贷方登记________，期末余额将转入________。

20. 营业外收入一般是指核算企业发生与企业生产经营________的各项收入。

三、单项选择题

1. 以下不属于固定资产的是（　　）。

A. 建筑物　　B. 原材料　　C. 生产机器　　D. 运输卡车

2. 企业采购原材料时要通过（　　）账户进行核算。

A. 在途物资　　B. 销售费用　　C. 管理费用　　D. 应收账款

3. 使用商业汇票进行结算购买材料时，企业要使用（　　）账户进行核算。

A. 应收票据　　B. 应付账款　　C. 应付票据　　D. 应收账款

4. 企业对外销售商品，购货方未支付货款，这项债权应记入（　　）。

A. 应付账款账户的借方　　B. 应收账款账户的贷方

C. 应收账款账户的借方　　D. 应付账款账户的贷方

5. 累计折旧账户是（　　）账户的备抵账户。

A. 原材料　　B. 生产成本　　C. 固定资产　　D. 无形资产

6. 企业预付下半年的报刊订阅费，应记入（　　）账户。

A. 预提费用　　B. 待摊费用　　C. 管理费用　　D. 制造费用

7. 生产车间固定资产的折旧记入（　　）账户。

A. 制造费用　　B. 管理费用　　C. 待摊费用　　D. 固定资产

8. 企业行政管理部门的固定资产折旧记入（　　）账户。

A. 待摊费用　　B. 固定资产　　C. 制造费用　　D. 管理费用

9. 若某企业年末固定资产账户余额为 360 000 元，固定资产净值为390 000元，不考虑其他因素，则下列表述正确的是（　　）。

A. 累计折旧年末借方余额为 630 000 元

B. 累计折旧年末贷方余额为 70 000 元

C. 累计折旧年末贷方余额为 630 000 元

D. 累计折旧年末借方余额为 70 000 元

10. 企业向银行借入两年期借款时应记入（　　）账户。

A. 财务费用　　B. 短期借款　　C. 长期借款　　D. 实收资本

11. 应付职工薪酬账户属于（　　）。

A. 资产类账户　　B. 损益类账户

C. 所有者权益类账户　　D. 负债类账户

12. 下列不属于期间费用的是（　　）。

A. 管理费用　　B. 制造费用　　C. 销售费用　　D. 财务费用

13. 企业各期发生的期间费用（　　）。

A. 等待以后各期分摊　　B. 记入当期生产成本

C. 记入当期损益　　D. 重建当期销售收入

14. 车间里直接参加产品生产工人的工资，记入（　　）账户的借方。

A. 生产成本　　B. 制造费用　　C. 管理费用　　D. 应付职工薪酬

15. 本年利润账户的借方余额表示（　　）。

A. 本年累计取得的利润总额　　B. 本年累计产生的亏损总额

C. 收入总额　　D. 费用总额

16. 与计算营业利润无关的因素是（　　）。

A. 所得税费用　　B. 销售费用　　C. 管理费用　　D. 财务费用

17. 计算应交所得税的依据是（　　）。

A. 利润总额　　B. 净利润

C. 应纳税所得额　　D. 可供分配的利润

18. 某企业甲产品期初生产品成本 45 000 元，本月共发生成本：直接材料36 000元，直接人工 12 000 元，制造费用 2 000 元，期末生产品成本为 23 000 元，则本月完工产品成本为（　　）。

A. 50 000 元　　B. 72 000 元　　C. 68 000 元　　D. 22 000 元

阅读以下资料完成19～21题：

某企业本月主营业务收入为1 500 000元，其他业务收入为15 000元，营业外收入为100 000元，投资损失为60 000元，主营业务成本为750 000元，其他业务成本为10 000元，营业税金及附加为30 000元，营业外支出为80 000元，管理费用为40 000元，营业费用为30 000元，财务费用为15 000元，所得税费用为150 000元。

19. 该企业本月营业利润为（　　）元。

A. 450 000　　B. 580 000　　C. 600 000　　D. 710 000

20. 该企业本月利润总额为（　　）元。

A. 450 000　　B. 580 000　　C. 600 000　　D. 710 000

21. 该企业本月净利润为（　　）元。

A. 450 000　　B. 580 000　　C. 600 000　　D. 710 000

四、多项选择题

1. 生产成本账户借方登记的是（　　）。

A. 直接人工费用　　B. 直接材料费用

C. 制造费用　　D. 管理费用

2. 下列（　　）费用发生时，不能直接记入生产成本账户。

A. 生产工人工资　　B. 产品耗用的材料

C. 车间的折旧费　　D. 车间管理人员的福利费

3. 下列账户期末没有余额的是（　　）。

A. 待摊费用　　B. 财务费用　　C. 管理费用　　D. 制造费用

4. 损益类账户包括（　　）。

A. 所得税费用　　B. 主营业务收入　　C. 营业外收入　　D. 主营业务成本

5. 下列账户中是按权责发生制原则开设的有（　　）账户。

A. 预提费用　　B. 待摊费用　　C. 营业费用　　D. 管理费用

6. 下列经济业务或事项中，应进行会计核算的有（　　）。

A. 车间领用原材料

B. 外单位捐赠企业设备一台

C. 与某单位签订合同拟购入一批原材料

D. 本月银行借款应计利息

7. 期末需将（　　）账户的余额转入本年利润账户。

A. 投资收益　　B. 营业外支出　　C. 主营业务收入　　D. 财务费用

8. 管理费用包括（　　）。

A. 企业借款利息支出　　B. 厂部办公人员的工资

C. 业务招待费　　D. 职工报销的医药费

9. 销售费用包括（　　）。

A. 销售过程中的运杂费　　B. 销售商品时的广告费

C. 销售部门的经费　　D. 销售商品的包装费

10. 利润分配账户借方登记的是（　　）。

A. 提取的盈余公积　　B. 应付普通股股利

C. 可供分配的利润　　D. 应交所得税

11. 与主营业务收入贷方有对应关系的账户是（　　）。

A. 应收账款　　B. 应收票据　　C. 应付账款　　D. 银行存款

五、判断题

1. 固定资产因磨损而减少的价值称为损耗。(　　)

2. 凡是由本期产品成本负担的费用，应按实际支付数全部计入本期成本。(　　)

3. 企业向社会福利部门捐款，应冲减盈余公积。(　　)

4. 基本生产车间的管理人员的工资及福利费不属于直接人工费用。(　　)

5. 车间领用的一般性消耗的材料，在会计处理上应属于增加管理费用。(　　)

6. 当期发生的制造费用直接转入某一项产品中，不需要进行分配。(　　)

7. 企业的咨询费、技术转让费、研究费、矿产资源补偿费、房产税、车船税等发生额应记入管理费用账户。(　　)

8. 营业利润减去管理费用、销售费用、财务费用和所得税费用后得到净利润。(　　)

9. “收入 - 费用 = 利润”反映的是资金运动的动态方面，反映的是某一会计期间的经营成果，反映一个过程，是编制利润表的依据。(　　)

10. 期末应付股利的贷方余额表示企业尚未分配的利润净额。(　　)

六、业务题

练习一

目的：练习资金的筹集和购入固定资产的核算。

资料：红棉工厂20××年1月份发生的部分经济业务内容如下：

1. 2日，收到投资人投入的资金100 000元，存入开户银行。

2. 4日，收到国家投入的资金300 000元，存入开户银行。

3. 5日，向农业银行借入6个月的借款50 000元，存入开户银行。

4. 10 日，收到外商投入的新设备一套，价值 300 000 元。

5. 13 日，向工商银行借入期限为 3 年的借款 250 000 元，存入开户银行。

6. 18 日，用银行存款 300 000 元购买了一套生产流水线，当即交付生产车间使用。

练习二

目的：练习工业企业材料采购与存货业务的核算。

资料：红棉工厂 20×× 年 3 月份发生的部分经济业务内容如下：

1. 2 日，从 A 工厂购入甲材料 1 000 千克，每千克 18 元，货款 18 000 元，增值税额 3 060 元，供方代垫运杂费 2 000 元，材料已经验收入库，款项未付。

2. 6 日，以银行存款支付 A 工厂材料款及运杂费 23 060 元。

3. 10 日，从 B 工厂购买乙材料 4 000 千克，每千克 10 元，货款 40 000 元，增值税额 6 800 元，供货方代垫运杂费 400 元，共计 47 200 元，当即以银行存款支付。

4. 15 日，上述乙材料已经到达，并验收入库，按其实际成本转账。

5. 27 日，从 C 工厂购买丙材料 2 000 千克，每千克 12 元，丁材料 600 千克，每千克 10 元，丙材料货款 24 000 元，丁材料货款 6 000 元，增值税额 5 100 元，开出期限为三个月，面额为 35 100 元的不带息汇票一张。

6. 28 日，从 C 工厂购买的丙材料和丁材料均已验收入库，按其实际成本入账。

要求：根据以上经济业务内容编制会计分录。

练习三

目的：练习工业企业生产过程的核算。

资料：红棉工厂 20×× 年 3 月份发生的部分经济业务内容如下：

1. 1 日，“生产成本——#111 产品”的账户余额为 20 000 元。

2. 1 日，#111 产品的材料领用情况如下表：

材料名称	数量	单价	金额
甲材料	500 千克	18 元	9 000 元
乙材料	200 千克	10 元	2 000 元
合计	—	—	11 000 元

3. 5 日，以现金支付企业行政管理部门的办公用品费用 100 元。

4. 10 日，从银行提取 20 000 元，备发工资。

5. 10 日，将本月工资 20 000 元发放给职工。

6. 12 日，以银行存款支付本月基本生产车间水电费 900 元。

7. 21 日，以现金支付下个季度的报刊订阅费 180 元。

8. 25 日，用银行存款支付本季度银行借款利息 2 000 元。

9. 30 日，摊销本月应负担的报刊费 60 元。

10. 30 日，计提本月固定资产折旧，其中：

基本生产车间折旧费 4 000 元

企业行政管理部门折旧费 1 500 元

合计 5 500 元

11. 30 日，结转本月职工工资 20 000 元，其中：

基本生产车间工资 1 1000 元

车间管理人员工资 5 000 元

企业行政管理部门工资 4 000 元

12. 30 日，结转本月发生的制造费用。

13. 30 日，结转本月完工的#111 产品的生产成本。其成本资料如下：

产品名称	数量	单位成本	总成本
#111 产品	200 个	140 元	28 000 元

要求：根据以上业务内容编制会计分录，并登记生产成本和制造费用账户。

练习四

目的：练习生产成本的分摊方法。

资料：北京某公司生产甲、乙、丙三种产品，20××年4月有关资料如下：

1. 月初在产品资料如下表所示：

在产品名称	直接材料	直接人工	制造费用	数量（个）	合计
甲产品	200	80	150	30	430
乙产品	240	85	170	50	495
丙产品	500	100	210	10	810
合计	940	265	530	90	1 735

本月发生的费用资料如下表所示：

产品名称	直接材料	直接人工	制造费用	完工数量（个）
甲产品	400	190	780	70
乙产品	460	220		80
丙产品	450	240		0
合计	1 310	650	780	150

本月末，甲、乙产品都完工入库，丙产品尚未完工。

要求：按本月直接人工费用比例分配并结转本月的制造费用。

练习五

目的：练习工业企业生产过程的核算。

资料：某工厂20××年5月份发生的部分经济业务内容如下：

1. 2日，材料领用情况如下表所示：

用途	A材料		B材料		合计（元）
	数量（千克）	金额（元）	数量（千克）	金额（元）	
生产甲产品领用	1 000	4 000	1 200	6 000	10 000
生产乙产品领用	5 000	20 000	3 000	15 000	35 000
车间一般耗用	700	2 800	—	—	2 800
厂部一般耗用	—	—	700	3 500	3 500
合计	6 700	26 800	4 900	24 500	51 300

2. 5日，采购员王伟预支差旅费500元，以现金支付。

3. 15日，从银行提取现金26 000元，准备发放工资。

4. 15日，发放本月职工工资26 000元。

5. 16日，以银行存款支付水电费5 600元，其中行政管理部门1 400元，生产车间4 200元。

6. 20日，采购员张红报销差旅费700元，退回现金80元。

7. 31日，按照规定的折旧率计提本月固定资产折旧费8 000元，其中，基本生产车间固定资产折旧费用6 000元，管理部门固定资产折旧费用2 000元。

8. 31 日，结转本月职工工资26 000 元，其中生产甲产品的工人工资为8 000 元，生产乙产品的工人工资为 12 000 元，基本生产车间管理人员工资为 4 000 元，行政管理部门人员工资为 2 000 元。

9. 摊销本月应负担的无形资产 900 元。

10. 结转本月的制造费用，其中，甲产品应负担40%，乙产品应负担60%。

11. 31 日，本月生产的甲产品全部完工，验收入库，结转完工入库的甲产品制造成本，乙产品尚未完工。

要求：

1. 根据以上资料编制会计分录。

2. 开设生产成本和制造费用总分类账户，并根据有关会计分录进行逐笔登记。

练习六

目的：练习企业收入业务的记录。

资料：某工厂 20××年 11 月发生经济业务部分如下：

1. 2 日，销售 W 产品 400 件，每件售价为 200 元，共计价款 80 000 元，增值税销项税额 13 600 元，款项当即收到存入银行。

2. 5 日，向广告公司支付了 6 000 元的广告费。

3. 6 日，收到曙光公司所欠的货款 20 000 元，存入银行。

4. 7 日，向南方工厂销售了 Y 产品 500 件，每件售价为 300 元，计价款 150 000元，增值税率 17%，款项收到一张期限为两个月的商业承兑汇票。

5. 9 日，收到海信公司所欠货款 17 000 元，存入开户银行。

6. 10 日，用银行存款支付了销售 W 产品的运输费 150 元，包装费 100 元。

7. 24 日，向海信公司销售 Y 产品一批，共 300 件，每件售价 300 元，共计价款 90 000 元，增值税率为 17%，款项尚未收到。

8. 30 日，结转本月已售产品的生产成本，其中：W 产品单位生产成本 80 元，Y 产品单位生产成本 150 元。

要求：根据以上经济业务编制会计分录。

练习七

目的：练习财务成果核算方法。

资料：某企业 20××年 12 月发生下列经济业务：

1. 某企业没收逾期未退回的包装物押金 300 元。

2. 以银行存款支付罚款 900 元。

3. 以银行存款支付行政管理部门办公、水电、邮电等费用4 000元。

4. 摊销本月应由行政管理部门负担的书报杂志费600元。

5. 预提应由本月负担的短期借款利息1 200元。

6. 按规定固定资产折旧率计提应由行政管理部门负担的本月折旧费用9 200元。

7. 预提本月应由行政管理部门负担的修理费用3 728元。

8. 根据利润总额，按25%税率计算本期应交所得税。

9. 计算和结转本期净利润。

10. 按税后净利润15 021.67元的10%提取盈余公积。

11. 按投资合同规定将税后净利润20%分给投资者。

12. 年末，将税后净利润15 021.67元转入“利润分配”账户。

要求：根据以上经济业务编制会计分录。

练习八

目的：练习企业综合业务的核算。

资料：红棉工厂20××年10月份的业务内容如下：

1. 2日，从银行取得短期借款300 000元，已经存入银行。

2. 4日，采购原材料甲材料一批，价值100 000元，增值税率17%，款项已经用银行存款支付，并且用现金支付了运输费300元。

3. 7日，4日购买的甲材料验收入库。

4. 生产产品领用了甲材料50 000元，行政部门领用甲材料3 000元。

5. 用现金20 000元发放职工工资。

6. 计提本月固定资产折旧费3 500元，其中车间应提1 500元，行政管理部门2 000元。

7. 用银行存款支付水电费4 200元。

8. 偿还本期应归还的短期借款30 000元，并支付了利息1 000元。

9. 结算本月职工工资，其中工人工资8 000元，车间管理人员工资4 000元，行政管理人员工资6 000元。

10. 对外销售产品150 000元，增值税率17%，款项尚未收到。

11. 用现金支付广告费2 000元。

12. 计算并结转本期完工产品成本16 000元。

13. 结转已售产品成本90 000元。

14. 计算本期应交的增值税。

15. 企业按应交消费税率45%计算本月销售的产品应缴纳的消费税。

16. 收到保险公司的补偿款5 000元，已存入银行。

17. 用现金支付合同违约金500元。

18. 将本期损益类账户转到本年利润账户。

19. 按25%的税率计算本期应交所得税。

20. 将所得税结转至本年利润账户。

21. 按当期净利润的10%计提盈余公积。

22. 按当期净利润的20%计提应付股东股利。

23. 用银行存款上缴本期各项税费和股东股利。

24. 结转本期净利润。

要求：根据以上经济业务编制会计分录。

练习九

目的：练习企业利润形成及分配核算。

资料：某企业20××年11月份的有关损益类账户总分类账的累计余额如下表所示。

账户名称	借方发生额	贷方发生额
主营业务收入		860 000
其他业务收入		20 000
营业外收入		10 000
主营业务成本	350 000	
营业税金及附加	51 600	
营业费用	24 000	
管理费用	4 000	
财务费用	2 000	
其他业务成本	13 000	
营业外支出	6 000	

要求：

1. 以该公司利润总额计算所得税，所得税率为25%。

2. 根据以上表格的资料计算该公司当年的年度营业利润、利润总额、净利润。

3. 编制计提所得税的会计分录。

4. 按净利润的10%提取盈余公积金，编制会计分录。

第四章

会计凭证与会计账簿

学习目标

掌握会计凭证的概念、分类及其填制与审核方法；了解会计凭证的传递与保管方法；掌握会计账簿的概念、分类、登记方法及对账与结账，熟练掌握错账的更正方法。

第一节　会计凭证与分类

会计凭证是记录经济业务，明确经济责任的书面证明，是登记账簿的依据。任何企业单位办理的所有经济业务都要有相应的凭证手续，记载经济业务发生的时间、内容、数量、金额等，并有经办人员签名或盖章，以明确对该项业务的真实性和准确性负责。会计凭证还需要有会计部门有关人员的审核，经过审核无误的凭证，就可以作为记账的依据。

填制和审核凭证是会计核算的最初环节，因此准确填制和严格审核会计凭证对于完成会计工作有着十分重要的意义。根据凭证填制程序和用途的不同，可以将会计凭证分为原始凭证和记账凭证两大类。

原始凭证是在经济业务发生时取得或填制的，用以载明经济业务具体内容的具有法律效力的最初书面证明。

记账凭证是会计人员根据审核无误的原始凭证填制的，用来载明经济业务应记账户名称、方向和金额等内容，并作为记账直接依据的凭证。

一、原始凭证的分类

原始凭证按照不同的标准可以分成不同的类别。

（一）原始凭证按照来源不同，可以分为自制原始凭证和外来原始凭证

自制原始凭证是指本单位内部经办业务的部门或人员，在执行或完成某项经济业务时所填制的原始凭证，如收料单、领料单、产品入库单、差旅费报销单等，如表4－1，表4－2所示。

外来原始凭证是在经济业务发生或完成时，从其他单位或个人取得的原始凭证。如购买货物时从供货方取得的发货票、对外单位支付款项时取得的收据、铁路运输部门的火车票、职工出差取得的车票等，如表4－3所示。

表4－1　　**收料单**

供货单位：　　　　　　　　　　　　　　　　凭证编号：
发票编号：　　　　　　年　　月　　日　　　　收料仓库：

材料类别	材料编号	材料名称	计量单位	数量		实际成本				备注
				应收	实收	单价	发票价格	运杂费	总成本	

仓库保管员：　　　收料人：　　　交料人：　　　制单人：

表4－2　　**限额领料单**

领料部门：　　　　　　　　　　　　　　　　领料编号：
领料用途：　　　　　　年　　月　　日　　　　发料仓库：

材料类别	材料编号	材料名称及规格	计量单位	领用限额	实际领用			备注
					数量	单价	金额	

供应部门负责人：　　　　生产计划部门负责人：

日期	请领		实发			退库			限额结余
	数量	领料单位负责人签章	数量	发料人签章	领料人签章	数量	收料人签章	退料人签章	

表 4－3　　增值税专用发票

4500001　　No

全国统一发票监制章 广西 国家税务总局监制

开票日期：　　年　月　日

国税函（2004）123号

购货单位	名称： 纳税人识别号： 地址、电话： 开户行及账号：				密码区		
货物或应税劳务名称 合　计	规格型号	单位	数量	单价	金额	税率	税额
价税合计（大写）	（小写）						
销货单位	名称： 纳税人识别号： 地址、电话： 开户行及账号：				备注		

第二联：发票联购货方记账凭证

收款人：　　复核：　　开票人：　　销货单位：（章）

（二）原始凭证按照格式不同，可分为通用凭证和专用凭证

通用凭证是指在一定范围内使用、具有统一格式和使用方法的凭证。这里的一定范围可以是全国范围，也可以是某省、某市，如全国统一使用的银行承兑汇票等。

专用凭证是指一些单位具有特定内容和专门用途的原始凭证，如产品入库单、差旅费报销单。

（三）原始凭证按照其填制手续不同，可以分为一次凭证、累计凭证和汇总凭证

一次凭证是指只反映一项经济业务，或者同时反映若干项同类性质的经济业务，填制手续一次完成的原始凭证。如收据、收料单、领料单等，外来原始凭证都是一次凭证。

累计凭证是用来连续反映一定时期内若干项同类经济业务、填制手续多次完成的原始凭证。如限额领料单。

汇总凭证是对一定时期内反映同类经济业务的若干张原始凭证加以综合、汇总而填制的原始凭证。如发料凭证汇总表、工资结算汇总表。

二、记账凭证的分类

记账凭证是登记明细分类账和总分类账的依据，根据不同的分类标准可以有不同的分类。

（一）记账凭证按反映经济内容的不同，可分为收款凭证、付款凭证和转账凭证

收款凭证是指用于记录现金和银行存款收款业务的记账凭证，如表 4 – 4 所示。

表 4 – 4 **收款凭证**

借方科目：银行存款 2008 年 7 月 16 日 收字第 7 号

摘要	贷方科目		记账符号	金额									
	一级科目	明细科目		千	百	十	万	千	百	十	元	角	分
销售产品	主营业务收入	A 产品					3	0	0	0	0	0	0
	应交税费	应交增值税（销项税额）						5	1	0	0	0	0
合计						¥	3	5	1	0	0	0	0

会计主管 记账 出纳 复核 制单

付款凭证是指用于现金和银行存款付出业务的记账凭证，如表 4 – 5 所示。

表 4 – 5 **付款凭证**

贷方科目：银行存款 2008 年 7 月 21 日 付字第 10 号

摘要	借方科目		记账符号	金额									
	一级科目	明细科目		千	百	十	万	千	百	十	元	角	分
	管理费用								3	0	0	0	0
合计								¥	3	0	0	0	0

会计主管 记账 出纳 复核 制单

收、付款凭证是出纳人员办理收、付款项的依据，也是登记现金日记账和银行存款日记账的依据。

转账凭证是指用于记录不涉及现金和银行存款收付业务的记账凭证。如表4－6所示。

表4－6　　转账凭证

年　月　日　　　　转字第　　号

摘要	一级科目	明细科目	记账	借方金额	贷方金额
合计					

会计主管　　记账　　出纳　　复核　　制单

（二）记账凭证按凭证格式不同，可分为通用记账凭证和专用记账凭证

通用记账凭证是指所有的经济业务只使用一种格式的凭证进行登记的记账凭证。通用记账凭证的格式和转账凭证基本相同。

专用记账凭证为（一）中所说的收、付、转记账凭证。在此不再赘述。

（三）记账凭证按其编制方式的不同，可分为单式记账凭证和复式记账凭证

单式记账凭证是指在一张记账凭证上，填写一项完整的经济业务，把一项经济业务所涉及的全部会计科目集中填写在一张凭证上的记账凭证。

复试记账凭证是指在每张凭证上填列一笔会计分录的全部账户名称的凭证。前面讲述的收、付、转账凭证都是复式记账凭证。

一项业务涉及几个账户就须填几张单式记账凭证，其优点是内容单一，便于记账工作的分工，也便于按科目汇总，并可加速凭证的传递，但同时使用的凭证张数多，内容分散，在一张凭证上不能完整地反映一笔经济业务的全貌。复式记账凭证的优点是能完整地反映一笔经济业务涉及的所有账户及对应关系，附件集中，便于凭证的分析和审核，但是不便于分工记账，也不便于科目汇总。

第二节　会计凭证的填制与审核

以会计凭证为依据进行会计核算是会计核算的显著特点和基本原则，因此会计凭证填制的正确与否直接关系到会计信息的准确性。

一、原始凭证的填制与审核

原始凭证是企业会计最原始的资料，填制会计凭证也是会计工作的起点。

（一）原始凭证的基本内容

企业的经济业务多种多样，记录经济业务的原始凭证内容和格式也各不相同，但是每一种原始凭证都必须客观真实地反映经济业务的情况，明确相关人员的经济责任。因此原始凭证必须包括以下基本内容：

（1）原始凭证名称；

（2）填制原始凭证的日期和凭证的编号；

（3）接受原始凭证单位的名称；

（4）经济业务的内容、数量、单价、金额等；

（5）填制单位公章；

（6）经办人员的签名或盖章；

（7）原始凭证的相关附件（如与业务有关的经济合同、费用预算等）。

（二）原始凭证的填制要求

原始凭证是企业会计核算最原始的资料，在填制时必须满足以下要求：

1. 记录要真实，内容须合法

原始凭证的填制必须与实际发生的经济业务完全相符，而且必须符合国家有关的法律法规、制度、要求。

2. 填制要完整，书写须清晰

原始凭证要按经济业务的执行和完成情况及时填制，所有的项目必须填写齐全，文字说明要简明扼要，不得省略或漏填。文字书写要工整、清晰，易于辨认。

3. 填制要规范

使用国务院颁布的简化字，阿拉伯数字要逐个填写，不得连写，金额前要使用货币符号，货币符号和金额间不能留有空位，元以后写到角、分，无角、分的要以“0”补位，大写金额最后为“元”的应加“整”字断尾。

4. 凭证须连续编号

各种原始凭证都必须连续编号，如果事先已经编好号的凭证作废时，在作废凭证上加盖“作废”戳记，连同存根一起保存，不得随意撕毁。

5. 填写错误时要使用正确的更正方法

凭证填写错误时，不能任意涂改、刮、擦、补；现金和银行存款等收付凭证填写错误时，不能在凭证上更正，应按规定的手续注销留存，另行填写。

（三）原始凭证的审核

《会计法》规定："会计机构、会计人员必须按照国家统一的会计制度的规定对原始凭证进行审核，对不真实、不合法的原始凭证有权不予接受，并向单位负责人报告；对记载不准确、不完整的原始凭证予以退回，并要求按照国家统一的会计制度的规定更正、补充。"

为此我们在审核原始凭证时应从以下几个方面进行：

1. 真实性审核

真实性对会计信息质量具有至关重要的影响，审核的内容包括凭证日期是否真实、业务内容是否真实、数据是否真实等。

2. 合法性审核

根据有关政策、法令、制度、合同等，审核经济业务活动是否合法，有无弄虚作假，违法乱纪行为。对于不合法的原始凭证不予受理，对于严重违法的原始凭证不但不予受理，而且要向单位领导报告，追究当事人责任。

3. 合理性审核

审核经济活动的内容是否符合规定的审核权限和手续，是否符合提高经济效益的要求，是否符合规定的开支标准，是否符合勤俭节约的原则等。

总之，原始凭证的审核是一项责任重大的工作，它对保证会计核算的质量，防止发生贪污舞弊等违法行为具有十分重要的作用。

二、记账凭证的填制与审核

（一）记账凭证的内容

记账凭证作为登记账簿的依据，其具体格式会有所不同，但是它必须具有以下内容：

（1）记账凭证的名称；

（2）填制记账凭证的日期和编号；

（3）经济业务的内容摘要；

（4）会计科目及记账方向；

（5）经济业务的金额；

（6）所附原始凭证的张数；

（7）填制记账凭证的人员、审核人员、记账人员、会计主管等相关人员签名或盖章。

（二）记账凭证的填制要求

记账凭证的填制必须注意以下几点：

（1）必须依据原始凭证内容，真实准确地填写。

（2）各项目须填写完整，字迹要清晰，摘要的内容要简明扼要，能够反映经济业务性质，方便登记账簿。

（3）选择的凭证格式要相对稳定，不要随意更换，以免引起编号、装订、保管方面的混乱。

（4）记账凭证应连续编号。一笔经济业务需要填制两张以上记账凭证的，可以采用分数编号法编号。

（5）附有原始凭证的，须注明张数。

（6）记账凭证上必须有填制人员、审核人员、记账人员和会计主管签章。

（7）编制收款凭证时，凭证左上角“借方账户”根据业务内容填写“现金”或“银行存款”，凭证中“贷方账户”填写对应的会计账户，填制付款凭证时，凭证左上角的“贷方账户”根据业务内容填写“现金”或“银行存款”，凭证中的“借方账户”填写对应的会计账户；对于现金和银行存款的相互划转业务，一般只编制付款凭证，不填收款凭证；收、付款凭证应有出纳人员签章，以明确经济责任。

（8）记账凭证的时间填写：收款凭证、付款凭证应按回避资金收付的日期填写，转账凭证原则上按收到原始凭证的日期填写。

（9）编制转账凭证时，涉及的会计账户要按照先借后贷的顺序填入“一级账户”、“二级及明细账户”，并按应借、应贷方向分别记入借贷方的金额。

（10）使用通用记账凭证时，填制方法和转账凭证基本相同。

（三）记账凭证的审核

为了保证账簿记录的准确性，在记账之前应由有关人员对记账凭证进行严格的审核。审核要点如下：

1. 真实性审核

按原始凭证审核的要求，对所附的原始凭证进行复核，并检查所附原始凭证的内容是否与记账凭证内容一致。

2. 完整性审核

审核项目的填写是否完整齐全，如日期、凭证编号、摘要、会计科目、所附原始凭证张数及有关人员签章等。

3. 正确性审核

审核记账凭证的应借、应贷科目是否正确，金额与原始凭证的金额是否一致，记录是否工整，数字是否清晰，是否按规定进行更正等。

第三节 会计凭证的传递与保管

一、会计凭证的传递

会计凭证的传递是指从会计凭证的取得或填制时起至归档保管过程中，在单位内部有关部门和人员之间的传递程序。

正确合理地组织会计凭证的传递，有利于有关部门和人员及时了解经济业务活动的情况，加速对经济业务的处理，同时有利于明确各有关部门的经济责任，也有利于实现会计监督，以充分发挥会计的监督作用。

会计凭证的传递要视不同企业的生产经营组织方式、不同经济业务内容而不同。简单的经济业务，其会计凭证的传递也简单，复杂的经济业务，其会计凭证的传递也复杂。传递的时间要求需考虑各有关部门的完成时间，不能拖延和积压会计凭证，不允许跨期；传递的衔接手续要求完备严密且简便易行。

二、会计凭证的保管

会计凭证的保管是指会计凭证登记入账后的管理、装订和归档存查。会计凭证是记录各项经济活动的历史资料，是重要的经济档案，因此需要妥善保管。具体要求是：

（1）记账凭证连同所附的原始凭证或原始凭证汇总表，要分类按顺序编号，按期装订成册，加具封面、封底、注明单位名称、所属年月和起讫号码、凭证张数等，不得散乱丢失。

（2）对于数量过多的原始凭证，可以单独装订保管，在封面上注明凭证的日期、编号和种类，在记账凭证上注明“附件另订”和原始凭证的名称、编号。

（3）原始凭证不得外借，其他单位如因特殊原因需要使用原始凭证的，经本单位会计机构负责人、会计主管人员批准，可以复制使用。向外单位提供的原始凭证复制件，应在应设的登记簿上登记，并由提供人员和收取人员共同签名、盖章。

（4）会计凭证装订成册后，应指定专人负责保管。查阅、调用、复制时要履行一定的手续，会计凭证的保管期限和销毁手续必须严格按照会计制度的规定执行。

第四节　会计账簿及其种类

一、设置和登记会计账簿的意义

通过之前的学习，我们知道一张会计凭证只能记录某项或某类经济业务，要想全面、完整地了解企业财务状况，就要把分散在会计凭证上的大量核算资料进行集中归类，形成一系列综合反映经济情况的信息资料，这就需要通过账簿来完成。

会计账簿是由具有专门格式，以一定形式联结在一起的账页组成的，以会计凭证为依据，全面、系统、连续、分类地记录经济业务的簿籍。

二、会计账簿的分类

会计账簿一般按照用途、外表形式和账页格式进行分类。

（一）按用途的分类

账簿按用途可以分为序时账、分类账、备查账三种。

1. 序时账

序时账又称日记账，是按经济业务发生时间的先后顺序逐日逐笔进行登记的账簿。实际工作中设置的序时账簿主要有现金日记账、银行存款日记账等。

2. 分类账

分类账是对各项经济业务按照总分类账户和明细分类账户进行分类登记的账簿。按总分类账户开设而进行分类登记的账簿称为总分类账簿，简称总账；按明细分类账户开设而进行分类登记的账簿称为明细分类账簿，简称明细账。

3. 备查账

备查账是对某些在序时账和分类账中未能记载的事项进行补充登记的账簿。主要用来记录一些供日后查考的有关经济事项，如代销商品登记簿、代管商品物资备查簿、租入固定资产登记簿等，它只是对账簿记录的一种补充，与其他账簿之间不存在严密的依存、勾稽关系。

（二）按外表形式的分类

账簿按外表形式可以分为订本账、活页账、卡片账。

1. 订本账

订本账是在启用之前就把若干具有一定格式的账页固定装订在一起而组成的

账簿。订本账一般用于现金日记账、银行日记账和总分类账。其特点是可以防止账页的散失，但是不方便分工记账，也不便根据记账需要增减账页和会计电算化的应用。

2. 活页账

活页账是在账簿登记完毕之前并不固定装订在一起，而是装在活页账页夹中，当账簿登记完毕之后，才将账页予以装订，加具封面，并给予各账页连续编号。活页账一般适用于明细分类账。其特点是便于会计人员分工记账，缺点是账页容易丢失和抽换。

3. 卡片账

卡片账是指由格式固定、装订分散的卡片作为账页所组成的账簿。这种账一般用卡片箱装置，可以随取随放，它实际上也是一种活页账。固定资产明细账和低值易耗品明细账一般采用这种形式。其特点是不需每年更换，可以跨年度使用，可以随时增减。

（三）按账页格式的分类

账簿按账页格式可以分为三栏式、多栏式和数量金额式。

1. 三栏式账簿

三栏式账簿是指账页中采用借方、贷方、余额三个主要栏目的账簿。各种日记账、总分类账以及部分明细账（如应收账款、应付账款等）都采用三栏式账簿。三栏式账簿格式如表 4－7 所示。

表 4－7　　　　总分类账

账户名称：应付账款

2009 年		凭证		摘要	借方	贷方	借/贷	余额
月	日	字	号					
2	1			期初余额			贷	10 000
	10	汇	1	汇总上旬业务	6 000	17 000	贷	21 000
				……				

2. 多栏式账簿

多栏式账簿是指采用一个借方栏目、多个贷方栏目或一个贷方栏目、多个借方栏目的账簿。收入、费用明细账一般采用这种格式的账簿。其格式如表 4－8 所示。

表 4－8　　管理费用明细分类账

20××年		凭证号数	摘要	借方				贷方	余额
月	日			材料费	工资	办公费	折旧费		

3. 数量金额式账簿

该账簿的借方、贷方和余额三个栏目内，都分设数量、单价和金额三个小栏，借以反映财产物资的实物数量和价值量。如库存商品明细账、产成品明细账等都采用数量金额式账簿。其格式如表 4－9 所示。

表 4－9　　原材料明细分类账

材料类别：

材料名称：　　数量单位：

20××年		凭证号数	摘要	收入（借方）			发出（贷方）			结存		
月	日			数量	单价	金额	数量	单价	金额	数量	单价	金额

第五节　会计账簿的设置和登记方法

一、账簿的设置

会计账簿的设置，包括确定账簿的种类，设计账页的格式、内容和规定账簿登记的方法等。

1. 账簿的构成

账簿一般由封面、扉页和账页三部分构成。

（1）封面：用于填写账簿的名称。

（2）扉页：用于填列账簿启用的日期和截止日期、经管人员一览表、会计主管人员签章等。

（3）账页：它是账簿的主体，用于记载经济业务的发生、完成时间及经济业务等，一般包括账户名称（会计科目或明细科目）、记账日期、记账依据（会计凭证种类及号数）、摘要栏、金额栏（包括数量）和页码等。

2. 账簿的启用规则

为保证账簿记录的严肃性，明确岗位责任，启用账簿时应在封面上写明单位名称和账簿名称，填写扉页的“账簿启用及交接表”。启用订本式账簿时，应当从第一页到最后一页顺序编订页数，不得跳页、缺号；使用活页式账簿时，应当按账户顺序编号，并定期装订成册，装订后再按实际使用的账页顺序编订页码，另加目录记录各个账户的名称和页次。

3. 账簿的登记原则

账簿在登记时要做到准确及时、字迹清晰、不重不漏、美观整洁。

（1）登记账簿必须根据审核无误的会计凭证记账。

（2）使用蓝、黑墨水钢笔书写，以保持账面记录清晰持久。红色墨水只能在结账、划线、改错或冲销时使用。

（3）账簿的所有栏目都应登记完整，包括凭证的日期、编号、业务内容摘要、金额和其他有关资料。

（4）按编定的页次逐页连续登记，不得跳行、隔页。如果发生跳行、隔页，应当将空行、空页用红线划去，或者注明“此行空白”、“此页空白”字样，在摘要栏里注明并签章。

（5）每一账页登记完毕结转下页时，应当结出本页合计数及金额，将其写在本页最后一行和下页的第一行有关栏内，在摘要栏内注明“过次页”和“承前页”字样。

（6）账簿中文字和数字的书写要美观，不要写满格，一般应占格距的1/2。

（7）实行会计电算化的企业，用计算机打印的会计账簿必须连续编号，经审核无误后装订成册，并由责任人签字或者盖章。

二、账簿的登记方法

现以企业为例说明现金日记账、银行存款日记账和总分类账、明细分类账的设置和登记的一般方法。

1. 现金日记账的设置和登记方法

现金日记账是会计人员根据收、付款凭证，按经济业务发生的先后顺序逐日逐笔进行登记的序时账，其格式有三栏式和多栏式两种。无论采用三栏式还是多栏式，都必须使用订本账。三栏式的现金日记账具体格式如表4－10所示。

表4－10　　　　现金日记账

20××年		凭证		摘要	对方科目	收入	支出	结余
月	日	字	号					
6	3			承前页				1 600
	3	现付	601	现金存入银行	银行存款		800	800
	3	现付	602	暂付职工差旅费	其他应收款		500	300
	3	现收	601	设备租金收入	其他业务收入	400		700
	3			本日合计		400	1 300	700
				……				

现金日记账的登记要做到日清月结，“日清”是指每日业务终了，分别计算现金收入和支出的合计数，并结出余额，同时将余额与出纳员的库存现金核对，如账实不符应查明原因，并记录备案。

现金日记账如果进一步细分，可以分为现金收入日记账和现金支出日记账，它们一般采用多栏式，登记的要点是要将对方科目和现金科目的合计数填入合计栏，结出余额。

2. 银行存款日记账的设置和登记方法

银行存款日记账是由出纳人员根据审核无误的银行存款收付凭证，序时逐笔登记的账簿。它同现金日记账相同，可以采用三栏式，也可以采用多栏式。三栏式的银行存款日记账如表4－11所示。

表4－11　　　　银行存款日记账

20××年		凭证		摘要	对方科目	收入	支出	结余
月	日	字	号					
8	15			承前页				138 000
	16	银收	118	销售商品	主营业务收入	15 000		153 000
	16	银付	73	支付电话费	管理费用		2 000	151 000
	16	银付	74	提现	现金		500	150 500
	16			本日合计		15 000	2 500	150 500
				……				

银行存款日记账应按企业在银行开立的账户和币种分别设置，每个银行账户设置一本日记账。登记时也是每日结出存款余额。

3. 总分类账的设置和登记方法

总分类账又称总账，是按总分类账户进行分类登记的账簿。它可以全面、系统、综合地反映企业所有的经济活动情况和财务收支情况，为编制会计报表提供数据，因此每个单位都应设置总分类账。

总分类账最常用的格式为三栏式，设置借方、贷方和余额三个基本金额栏目，如表4－7所示。在进行登记时，可以按记账凭证逐笔进行登记，也可以按科目汇总表或记账凭证汇总表进行登记，还可按照转账凭证汇总表和多栏式现金、银行存款日记账在月末时汇总登记。

4. 明细分类账的设置和登记方法

明细分类账又称明细账，是根据明细分类账户（子目或细目）进行分类登记的账簿。明细分类账是总分类账的明细记录，对明细账起着补充说明的作用，它提供的反映资产、负债、所有者权益、费用、成本、收入、利润的各种资料也是编制会计报表的重要依据。

明细分类账格式有三栏式、多栏式、数量金额式、横线登记式（或称平行式）等多种。

（1）三栏式明细分类账。三栏式明细分类账的格式如表4－12所示，它只设借方、贷方、余额三个金额栏，不设数量栏，适用于采用金额核算的“应收账款”、“应付账款”等账户的明细核算。

表4－12　　应付账款分类账

明细科目：红星公司　　单位：元

20××年		凭证		摘要	借方	贷方	借或贷	余额
月	日	字	号					
2	1			期初余额			贷	10 000
	5	转	4	购买材料未付款		3 000	贷	13 000
	10	银付	9	偿还前期货款	12 000		贷	1 000
				……				

（2）多栏式明细分类账。它将属于同一个总账科目的各个明细科目合并在一张账页上进行登记。多栏式明细分类账又分为借方多栏和贷方多栏。适用借方设多个明细科目的账户有“生产成本”、“制造费用”、“管理费用”等，如表4－8

所示。在管理费用明细账中，在借方栏下，可分设若干专栏：材料费、工资、办公费、折旧费。适合贷方设多个明细科目的账户有“主营业务收入”、“其他业务收入”等，如表4－13所示。

表4－13　主营业务收入明细分类账

20××年		凭证号数	摘要	贷方				
月	日			五金组	百货组	文具组	……	合计
2	1	收1	销售	3 000	6 000	2 000		11 000
			……					
	30		本月合计	140 000	160 000	80 000		380 000
			结转	[140 000]	[160 000]	[80 000]		[380 000]

（注：[ ]表示其内数字为红色）

（3）数量金额式明细分类账。数量金额式明细分类账其借方、贷方和余额都分别设有数量、单价和金额三个专栏。该明细账适用于既要金额核算又要数量核算的账户，具体格式如表4－9所示。

（4）横线登记式明细分类账。横线登记式明细分类账又称平行式明细账，它是将前后密切相关的经济业务在同一横行内进行详细登记的账簿。其格式是将账页分为借方和贷方两个大栏，把每一笔业务的借方发生额和贷方发生额登记在同一横行内，以检查每笔业务的完成、变动情况。平行式明细分类账一般适用于“材料采购”、“在途物资”等账户的明细分类核算。在途物资明细分类账账页格式如表4－14所示。

表4－14　在途物资明细分类账

物资类别：五金

进货批次	供货单位	借方					贷方					注销
		20××年		凭证号数	摘要	金额	20××年		凭证号数	摘要	金额	
		月	日				月	日				
1	甲厂	4	2	3	配件1支付货款	20 000	4	3	5	验收入库	20 000	√
2	乙厂	4	7	10	配件2支付货款	10 000	4	8	11	验收入库	10 000	√
										……		

三、错账的更正

账簿记录如果发生错误，不得随意涂改、刮擦、挖补，要根据错账发生的不同情况，采用不同的方法进行更正。错账的更正方法有划线更正法、红字更正法、补充登记法等。

1. 划线更正法

在结账前如果发现账簿中所记载的文字和数字错误，而记账凭证正确时，可采用划线更正法。其方法是：用红线将错误的文字和数字划去，表示注销，并在被注销文字的上方用蓝字填写正确的文字或数字，由记账人员在更正处盖章。在使用这种方法时，要特别注意不能只划去部分错误的数字，而要将错误的数字全部划去。

【例题4-1】　某会计人员将记账凭证金额6 900在账面上误记为9 600。

更正时，我们须将数字全部划去，即$\frac{6\ 900}{\text{9 600}}$，并在划线的数字上加盖经办人员的章。

2. 红字更正法

记账后如果发现由于记账凭证错误（应记科目、金额、方向任何一项错误）而导致账簿记录错误，可采用红字更正法予以更正。

（1）记账凭证的会计科目有错误。更正时，先用红色金额填写一张内容与错误凭证完全相同的记账凭证，并在摘要中写明“更正第X号凭证错误”，据以用红色金额登记入账，冲销原有的错误记录，然后，再用蓝字重填一张正确的记账凭证，重新登记入账。

【例题4-2】　企业签发了转账支票3 000元支付本月办公用房租金，并已登记入账。其错误分录如下：

借：销售费用　　3 000

　贷：银行存款　　3 000

更正时，用红字填制一张与原错误记账凭证内容完全相同的记账凭证，以冲销原错误记录。会计分录如下：

借：销售费用　　$\boxed{3\ 000}$

　贷：银行存款　　$\boxed{3\ 000}$

（注：会计分录中$\boxed{\quad}$内数字为红色）

同时再用蓝字编制正确的记账凭证，据以记账。

借：管理费用　　3 000

　贷：银行存款　　3 000

（2）会计科目无错误，所记金额大于应记金额。更正时可将多记金额用红字填制一张与原来记账凭证相同的凭证，并在摘要栏注明“冲销某年某月某日某号多记金额”，据以登记入账。

【例题4-3】　会计人员填制记账凭证时，误作如下分录，并已入账：

借：管理费用　　3 100

　贷：银行存款　　3 100

发现错误后，应冲销多记的100元，冲销时编制如下会计分录。

借：管理费用　　[100]

　贷：银行存款　　[100]

3. 补充登记法

记账后发现记账凭证和账簿记录中应借应贷会计账户正确，只是金额错误，且所记的金额小于应记正确金额。在这种情况下可用补充登记法。其方法是：填写一张会计科目、借贷方向与原记账凭证一致，以补充少记的金额，并在摘要栏中注明“补记某年某月某日某号记账凭证少记金额”，据以记账。

【例题4-4】　用银行存款支付所欠供货单位货款7 600元，原编制会计分录为：

借：应付账款　　6 700

　贷：银行存款　　6 700

发现记账凭证金额少记导致记账错误后，用补充登记法更正时，再填写一张记账凭证如下：

借：应付账款　　900

　贷：银行存款　　900

第六节 对账与结账

登记账簿作为会计核算的专门方法之一，包括记账、对账、结账三个互相联系、不可分割的工作环节。在上一节中，我们介绍了账簿的登记方法，本节将讨论对账和结账的要求与方法。

一、对账

对账，简单地说就是核对账目，即将账簿与凭证、账簿与账簿、账簿与实物或款项进行核对，查找账目出现的错漏。人为或客观原因造成的账目错漏在所难免，所以对账工作对于保证会计账簿的记录质量显得尤为重要。

1. 账证核对

账证核对是指对会计账簿与会计凭证的有关内容进行核对，它是会计核算的基本要求。由于账簿记录是根据会计凭证等资料编制的，因此通过账证核对可以检查、验证会计账簿和会计凭证的内容是否正确无误。各单位应当定期将会计账簿和会计凭证进行核对，包括时间、编号、内容、金额、记账方向等，如有不一致之处，要及时查明原因，并按照规定予以更正。

2. 账账核对

账账核对是会计账簿之间对应的记录核对相符的简称。

（1）总分类账中，总账账户的借方期末余额合计数与贷方期末余额合计数核对相符。

（2）总分类账中，各账户的期末余额与所属明细分类账户的期末余额之和要相符。

（3）总分类账中，“银行存款”和“库存现金”账户的余额要和对应的序时账期末余额核对相符。

（4）会计部门各种财产物资明细分类账的期末余额应与财产物资保管或使用部门有关明细账（卡）的期末余额核对相符。

3. 账实核对

账实核对是会计账簿记录与实物、款项的实有数核对相符的简称。会计账簿与实物的核对，主要通过财产清查的方法，对固定资产、原材料、在产品、库存商品等进行实地盘点，并与账存数核对是否相符。会计账簿与款项核对的内容包括：

（1）现金日记账的账面余额应同现金的实际库存数每日核对相符。

（2）银行存款日记账的账面余额应同银行对账单核对相符，每月至少核对一次。

（3）各种应收、应付款项等明细分类账各账户的余额，应定期与有关单位或个人核对相符；已上交的税金及其他预交款应按规定时间与有关上下级部门核对相符。

二、结账

为了总结某一会计期间的经济活动情况，考核财务成果，编制财务报表，必须定期进行结账。另外，企业因撤销、合并而办理财务交接手续时，也需要办理结账。结账就是在把一定时期内发生的经济业务全部登记入账的基础上，计算并记录本期发生额和期末余额。

结账前，必须将本期内所有的经济业务都登记入账，既不能提前结账，也不能将本期发生的业务延至下期登记入账。另外，还要检查记录是否有错漏，以便在结账前予以更正。

结账前，根据权责发生制的原则（详见第一章），检查是否对有关收入和费用进行账项调整；有关费用、成本和收入、成果等账项是否已经结转。

结账工作一般随会计分期来进行，分为月结、季结和年结等。如果是月结和季结，将各种日记账、总分类账、明细分类账的本期发生额和期末余额登记在本期最后一笔业务下，在摘要栏注明“本月合计”或“本季累计”，该行的上下各划一根红线。如果是年度结账，应将全年发生额填在12月份结账记录的下面，摘要栏注明“本年合计”，并在该行下划双红线，表示封账。对于年末有余额的账户，要将其余额结转下年。有些需要逐月累计发生额的账户，在计算本期发生额和期末余额后，应在下一行增加“本年累计”，并在该行下划一根红线，如表4－15所示。

表4－15

负债类账户名称

20××年		凭证号数	摘　　要	借　方	贷　　方	借或贷	余　　额
月	日						
1	1		年初余额			贷	40 000
			……				
12	31		本月合计	30 000	40 000	贷	50 000
			本年合计	280 000	580 000	贷	340 000

（注：～～～ 表示红线）

复习思考题

1. 什么是会计凭证？它的种类有哪些？
2. 会计凭证的填制和审核有何意义？
3. 什么是会计账簿？设置会计账簿对于企业有何意义？
4. 账簿按照不同的标准有哪些分类？
5. 错账更正有哪几种方法？
6. 对账与结账的意义是什么？

一、名词解释

1. 会计凭证　2. 原始凭证　3. 记账凭证　4. 收款凭证
5. 付款凭证　6. 转账凭证　7. 会计账簿　8. 序时账簿
9. 总分类账簿　10. 明细分类账簿　11. 备查账簿　12. 对账
13. 结账　14. 账账核对

二、填空题

1. 会计凭证按填制程序及用途不同可以分为__________和__________。

2. 会计凭证是__________，明确经济责任的__________，是________依据。

3. 原始凭证按照来源不同，可以分为__________和__________；原始凭证按照格式不同，可以分为__________和__________；原始凭证按照其填制手续不同，可以分为一次凭证、________和________。

4. 记账凭证按反映的经济内容不同，可分为________、付款凭证和________；记账凭证按凭证格式，可分为__________和________；按其编制方式的不同，可分为__________和__________。

5. 会计账簿是由具有________，以一定形式联结在一起的____组成的，以______为依据，全面、系统、连续、分类地记录经济业务的簿籍。

6. 账簿按用途可以分为________、________、__________三种。账簿按外表形式可以分为________、__________、________。账簿按账页格式可以分为________、________和__________。

7. 序时账又称日记账，序时账簿主要有________、__________。

8. 备查账是对某些在________和__________中未能记载的事项进行补充登记的账簿。主要用来记录一些供________的有关经济事项。

9. 订本式账簿的优点是可以避免____散失，防止随便抽换账页，有利于保证账簿记录的完整；活页式账簿的特点是便于________，缺点是账页容易丢失和抽换。

10. 现金日记账是由出纳人员根据________和__________，按照________逐日逐笔登记。

11. 银行存款日记账应定期与__________核对，至少________核对一次。

12. 总分类账簿是指按__________开设而进行分类登记的账簿，简称总账；明细分类账簿是指按__________开设而进行登记的账簿，简称明细账。

13. 总分类账最常用的格式为三栏式，设置____、____和____三个基本金额栏目。

14. 总分类账可以______、______、____地反映企业所有的经济活动情况和财务收支情况，为______________提供数据。

15. 明细分类账是根据__________进行分类登记的账簿。

16. 明细分类账是________的明细记录，对________起着补充说明的作用，它提供的也是编制会计报表的重要依据。

17. 登记账簿时要按编定的页次________登记，不得跳行、隔页。如果发生跳行、隔页，应当将空行、空页用____划去，或者注明“__________”、“________”字样，在摘要栏里注明并签章。

18. 错账的更正方法有__________、__________和补充登记法。

19. 月结和季结时，将各种日记账、总分类账、明细分类账的本期发生额和期末余额登记在______________下，在摘要栏注明“本月合计”或“本季累计”，该行的上下______________。

20. 如果是年度结账，应将全年发生额填在12月份结账记录的下面，摘要栏注明“本年合计”，并在该行下划______，表示封账。

三、单项选择题

1. 原始凭证按其来源可分为（　　）。

A. 自制原始凭证和外来原始凭证　B. 一次性原始凭证和累计原始凭证

C. 自制原始凭证和汇总原始凭证　D. 汇总原始凭证和累计原始凭证

2. 下列会计凭证中，不属于原始凭证的是（　　）。

A. 发票　　B. 购货合同

C. 领料单　　D. 银行开来的支款通知

3. 下列不是自制原始凭证的是（　　）。

A. 收料单　　B. 发票

C. 单位差旅费报销单　　D. 领料单

4. 下列凭证中，属于累计凭证的是（　　）。

A. 领料单　　B. 收料单

C. 发货单　　D. 限额领料单

5. 下列不属于原始凭证构成要素的是（　　）。

A. 凭证名称　　B. 凭证编号

C. 凭证日期　　D. 会计分录

6. 企业外购材料一批，已验收入库，货款已付，根据这笔业务的有关原始凭证应该填制的记账凭证是（　　）。

A. 收款凭证　　B. 付款凭证

C. 转账凭证　　D. 累计凭证

7. 下列不需在转账凭证上签章的人员是（　　）。

A. 出纳　　B. 制单

C. 稽核　　D. 主管

8. 下列关于原始凭证的填制要求正确的是（　　）。

A. 一式几联的原始凭证，只能以其中的一联作为报销凭证

B. 有大小写金额的原始凭证，小写金额错误时，以大写金额为准

C. 职工因公出差的借款收据，不一定要附在记账凭证上

D. 对外开出的原始凭证，不一定要加盖本单位的公章

9. 在原始凭证上金额￥3 618.63 的大写应书写为（　　）。

A. 人民币叁仟陆佰拾捌元陆角叁分

B. 人民币叁仟陆佰壹拾捌元陆角叁分整

C. 人民币叁仟陆佰壹拾捌元陆角叁分

D. 人民币叁仟陆佰壹拾捌点陆角叁分

10. 记账凭证按其用途可分为（　　）。

A. 会计凭证和原始凭证　　B. 专用记账凭证和通用记账凭证

C. 一次凭证和累计凭证　　D. 外来凭证和自制凭证

11. 下列经济业务，应该填制现金收款凭证的是（　　）。

A. 从银行提取现金　　B. 以现金发放职工工资

C. 出售报废的固定资产收到现金　D. 销售积压的材料收到一张转账支票

12. 多栏式银行存款日记账属于（　　）。

A. 总分类账　　B. 明细分类账

C. 序时账　　D. 备查账

13. 对于将现金存入银行的业务登记银行存款日记账的依据是（　　）。

A. 银行存款收款凭证　　B. 银行存款付款凭证

C. 现金收款凭证　　D. 现金付款凭证

14. 生产成本明细账应采用（　　）账页。

A. 三栏式　　B. 数量金额式

C. 多栏式　　D. 平行式

15. 对应收账款进行明细核算时，应采用（　　）明细账格式。

A. 多栏式　　B. 三栏式

C. 金额式　　D. 数量金额式

16. 下列账簿应采用活页式的是（　　）。

A. 明细分类账　　B. 总分类账

C. 普通日记账　　D. 特种日记账

17. 下列明细账适宜采用金额三栏式明细账的是（　　）。

A. 固定资产明细账　　B. 实收资本明细账

C. 库存商品明细账　　D. 应收账款明细账

18. 对于经济业务比较简单，总分类科目数量不多的单位可采用（　　）账簿。

A. 总分类账　　B. 明细分类账

C. 日记账　　D. 日记总账

19. 总分类账适用（　　）账簿。

A. 订本式　　B. 活页式

C. 多栏式　　D. 数量金额式

20.（　　）的目的是保证账簿记录的正确性和完整性，做到账证相符、账账相符、账实相符。

A. 转账　　B. 结账

C. 过账　　D. 对账

21. 在登账后，如果发现记账凭证中应借、应贷方向或会计科目发生错误，可用（　　）更正。

A. 划线更正法　　B. 红字更正法

C. 补充登记法　　D. 平行登记法

22. 记账员在登记账簿时，误将2 000元记为200元，更正这种记账错误应采用（　　）。

A. 红字更正法　　B. 补充登记法

C. 划线更正法　　D. 平行登记法

四、多项选择题

1. 会计凭证的作用主要有（　　）。

A. 用以考核和加强经济管理上的责任制

B. 用以保证账簿记录的正确性

C. 用以保护各项财产物资的安全完整

D. 用以监督经济业务的合法性和合理性

2. 原始凭证的审核包括（　　）。

A. 合法性的审核　　B. 真实性的审核

C. 合理性的审核　　D. 完整性的审核

3. 以下所列属于汇总原始凭证的有（　　）。

A. 发票　　B. 耗用材料汇总表

C. 费用限额卡　　D. 发料汇总表

4. 编制收款凭证时，其贷方科目填写的依据有（　　）。

A. 国家统一会计制度的规定　　B. 经济业务的内容

C. 与借方科目相对应　　D. 厂长（经理）的要求

5. 下列原始凭证中，属于一次凭证的有（　　）。

A. 限额领料单　　B. 发票　　C. 领料单　　D. 收料单

6. 下列凭证是外来的原始凭证的是（　　）。

A. 领料单　　B. 运输部门开来的运费收据

C. 银行开来的存款通知　　D. 传货单位开来的发票

7. 原始凭证的主要构成要素有（　　）。

A. 原始凭证的名称　　B. 凭证附件

C. 会计分录　　D. 填制原始凭证的日期和编号

8. 记账凭证是（　　）填制的。

A. 经办人员　　B. 在经济业务发生时

C. 会计人员　　D. 根据审核无误的原始凭证

9. 记账凭证按其填列方式的不同，可分为（　　）。

A. 收款凭证　　B. 付款凭证

C. 单式记账凭证　　D. 复式记账凭证

10. 下列各项中，属于记账凭证的审核内容的有（　　）。

A. 与原始凭证是否相符　　B. 项目填写是否齐全

C. 会计科目是否正确　　D. 记账方向是否正确

11. 账页的基本内容有（　　）。

A. 账户名称　　B. 日期栏

C. 摘要　　D. 借贷方金额及余额

12. 现金日记账和银行存款日记账的登记要求主要有（　　）。

A. 由出纳人员负责

B. 以审核无误的收、付款凭证为依据

C. 应逐日逐笔顺序登记

D. 必须逐日结出收入合计和支出合计

13. 对账的内容主要有（ ）。

A. 账证核对　　B. 账账核对

C. 账实核对　　D. 账表核对

14. 账账相符的内容包括（ ）。

A. 账簿记录与记账凭证相符

B. 全部总分类账户的借方余额合计与贷方余额合计相符

C. 总账余额与所属明细账余额之和相符

D. 总账金额与会计报表金额相符

15.（ ）情况下可以使用红色墨水。

A. 更正错账　　B. 结账

C. 冲销原账记录　　D. 转账业务

五、判断题

1. 会计凭证是以记录经济业务、明确经济责任为记账依据的书面证明。（ ）

2. 外来原始凭证是在经济业务发生或完成时，从外单位或个人取得的单据等。（ ）

3. 记账凭证分为收款凭证、付款凭证、转账凭证三种。（ ）

4. 为了完整地反映一项经济业务的全貌，对于现金和银行存款之间相互划转的经济业务，应当既填付款凭证，又填收款凭证。（ ）

5. 记账凭证的填制日期与原始凭证的填制日期应当相同。（ ）

6. 一切外来原始凭证是登记账簿的直接依据。（ ）

7. 记账凭证的编号必须连续，不得间断。（ ）

8. 所有记账凭证一定要有原始凭证附件作支持。（ ）

9. 收料单属于汇总凭证。（ ）

10. 凡是与记账有关的人员，都要在记账凭证上签章。（ ）

11. 付款凭证只有在银行存款发生付出业务时才填制。（ ）

12. 原始凭证金额有错误的，应当由出具单位重开。（ ）

13. 会计凭证的传递是指会计凭证从取得或填制时起至归档保管过程中，在单位内部会计部门和人员之间的传递程序。（ ）

14. 库存现金和银行存款日记账必须逐日逐笔登记。（ ）

15. 记账必须以经过审核无误的会计凭证为依据，没有会计凭证，不能记账。(　　)

16. 账簿按外表形式不同，可分为日记账、分类账和备查账。(　　)

17. 金额三栏式明细账适用于只需要进行金额核算的明细科目。(　　)

18. 多栏式明细账可以只设“贷方”不设“借方”，在“贷方”栏按照明细科目或项目分设专栏。当偶尔发生应记“借方”的经济业务时，就用红字在“贷方”进行登记。(　　)

19. 启用订本式账簿，应当从第一页到最后一页顺序编定页数，不得跳页、缺号。(　　)

20. 每个会计主体都必须建立定期对账制度。(　　)

六、业务题

练习一

目的：练习收款凭证和付款凭证的填制方法。

资料：某企业3月份发生下列经济业务：

1. 销售产品一批，计货款20 000元，增值税3 400元，当即收到货款及税金存入银行。

2. 收到投资单位投入现金50 000元，存入银行存款户。

3. 以银行存款预付1—3月份固定资产租金6 000元。

4. 收到上月的应收销货款9 000元，存入开户银行。

5. 采购员王刚预借差旅费800元，以现金支付。

6. 收到购货单位预付的购货款8 000元，存入开户银行，下月交货。

7. 开出付款凭证30 000元，以银行存款支付之前欠红棉工厂的材料款。

8. 以库存现金支付管理部门办公用品费150元。

9. 以现金450元支付违约金和赔偿金。

10. 本月用电150 000度，每度0.80元，计120 000元，以银行存款支付。

11. 本月短期借款利息7 000元，用银行存款支付。

要求：根据以上经济业务资料，编制收款凭证和付款凭证。

练习二

目的：练习转账凭证的填制。

资料：某公司3月份发生的经济业务内容如下：

1. 经批准用资本公积50 858.50元转增资本。

2. 售给红棉工厂A产品150件，每件100元，计货款15 000元，增值税2 550元，款项尚未支付。

3. 购入6 000千克甲种原材料一批，计20 343.40元，款项未付。

4. 购买的原材料到达，经过验收入库。

5. 向五星工厂购进乙种原材料2 000千克，每千克1元，增值税340元，签发期限为一个月的商业汇票一张，汇票交给了五星工厂。

6. 计提本月固定资产折旧4 000元，其中车间应计提固定资产折旧额2 800元，行政管理部门应计提固定资产折旧额1 200元。

7. 结转本月应付职工工资9 000元，其中生产产品的工人工资5 600元，车间管理人员工资2 200元，厂部管理人员的工资1 200元。

8. 摊销本月应负担的企业财产保险费1 000元。

9. 预提本月应负担的银行借款利息500元。

10. 将本月发生的制造费用7 600元，转入生产成本账户。

11. 结转本月完工的A产品的生产总成本21 000元（单位成本7元，完工数量3 000件）。

12. 结转本月销售发出的A产品的生产成本1 050元（单位成本7元，销售数量150件）

要求：根据以上经济业务编制转账凭证。

练习三

目的：练习记账凭证的编制。

资料：某企业20××年1月份发生经济业务如下：

1. 5日，从银行提取现金90 000元。

2. 5日，以现金支付本月职工工资90 000元。

3. 9日，购入原材料一批，增值税发票上注明价款2 800元，增值税476元，材料已验收入库，当即以支票支付货款。

4. 10日，以银行存款支付厂部办公费3 700元。

5. 15日，职工王华报销差旅费230元，交回现金20元。

6. 25日，由银行借入短期借款3 600元。

7. 30日，结转本月厂部管理人员工资20 000元，车间管理人员工资10 000元，生产工人工资50 000元，销售部门人员工资5 000元，福利部门人员工资5 000元。

8. 30日，生产产品领用原材料3 000元。

9. 30日，计算并结转本月管理费用，营业费用。

要求：

1. 根据上述经济业务，确定应编制的记账凭证的种类。

2. 根据上述经济业务编制记账凭证。

记账凭证的格式如下：

1. 收款凭证

借方科目　　　　　　　　　　　　　　　　　　　年　月　日

摘要	贷方科目		记账	金额
	一级科目	二级科目		
合计				

会计主管　　记账　　出纳　　复核　　制单

2. 付款凭证

贷方科目　　　　　　　　　　　　　　　　　　　年　月　日

摘要	贷方科目		记账	金额
	一级科目	二级科目		
合计				

会计主管　　记账　　出纳　　复核　　制单

3. 转账凭证

年　月　日

摘要	一级科目	二级科目	记账	借方金额	贷方金额
合计					

会计主管　　记账　　出纳　　复核　　制单

练习四

目的：练习三栏式日记账的登记方法。

资料：某工厂5月初库存现金借方金额2 400元，银行存款借方金额50 000元。

5月份发生如下部分经济业务：

1. 向红星工厂购进A材料一批，单价50元，共500千克，价值25 000元，增值税4 250元，款项已用银行存款支付，材料已经验收入库。
2. 以银行存款10 000元偿还了之前欠五华工厂的购货款。
3. 向银行借入为期6个月的短期借款20 000元，存入银行。
4. 销售甲产品共300件，每件售价240元，共计72 000元，增值税12 240元，款项已经收到，存入银行。
5. 将多余的现金2 000元存入银行。
6. 采购员张红预借差旅费600元，用现金支付。
7. 领用A材料一批，生产甲产品用100千克，车间一般耗用20千克，单价50元。
8. 收到嘉华公司偿付的上月所欠货款50 000元存入银行。
9. 从银行提取现金20 000元，准备发放工资。
10. 以现金发放职工工资共20 000元。
11. 以现金支付厂部办公设备的修理费200元。
12. 采购员陈玲报销差旅费450元，交回多余的现金100元。

要求：

1. 根据以上经济业务填写记账凭证。
2. 根据以上资料及填制的记账凭证，开设并登记现金日记账和银行存款日记账。

练习五

根据练习一的记账凭证登记总分类账。

练习六

目的：练习错账更正的方法。

资料：某企业20××年6月底结账时发现下列错账：

1. 20日，以银行存款支付产品广告费用4 000元。编制的记账凭证为：

借：管理费用　　4 000

　　贷：银行存款　　4 000

并据以登记入账。

2. 22 日，领用生产产品用的原材料一批，计 1 000 元。编制的记账凭证为：

借：生产成本　　100

　贷：原材料　　100

并据以登记入账。

3. 27 日，采购员预借差旅费 450 元，以现金支付。编制的记账凭证为：

借：其他应收款　　540

　贷：库存现金　　540

并据以登记入账。

4. 结转本月完工产品成本 8 000 元，编制记账凭证为：

借：库存商品　　8 000

　贷：生产成本　　8 000

登记总账时，误记为 8 800 元。

要求：根据上述资料，区别错账性质，采用适当的更正方法予以更正。

第五章

财产的清查

学习目标

理解财产清查的意义及分类，明确实物、货币资金、银行存款清查的方法及步骤，掌握财产清查结果的会计处理。

第一节　财产清查的意义及分类

一、财产清查的意义

财产清查是指通过对一定时期内各项财产的盘点和核对，确定其实存数，查明实存数与账存数是否相符的一种专门方法。

引起账实不符的原因较多，一般有以下几种情况：①财产在运输、保管、收发过程中发生的自然损耗；②财产物资在收发过程中由于计量检验不准确造成的多收或少收；③在财产增减变动中，由于手续不全或计算、登记上发生错误；④由于管理不善或工作人员失职造成财产损失、丢失、被盗；⑤工作人员贪污盗窃、营私舞弊造成的损失；⑥意外灾害、自然灾害造成的损失；⑦由于有关凭证未到，形成未达账项，造成结算双方账实不符等。

因此，对各项财产清查才能确定各项财产物资的实有数额，才能掌握账实相符的程度，对企业财产物资的安全性、完整性做到心中有数，并由此评价企业的管理制度是否健全，为改善经营管理提供有效资料。

二、财产清查的分类

财产清查的分类如图 5－1 所示。

- 财产清查
  - 按清查范围分为
    - 全面清查
    - 局部清查
  - 按清查时间分为
    - 定期清查
    - 不定期清查

图 5－1　财产清查的分类

1. 全面清查

全面清查是指对单位的所有财产进行全面彻底的盘点与核对。全面清查的范围广、内容多，参加清查的部门人员多，一般来说以下情况需要开展全面清查：①年终决算之前，为了确保年终决算会计资料真实、准确，需进行一次全面清查；②单位兼并、撤销或改变隶属关系；③中外合资、国内联营；④单位主要负责人调离工作等。清查的内容包括单位的固定资产、无形资产、存货、库存现金、短期借款、长期借款、各项结算款项以及代其他单位保管的财产物资等。

2. 局部清查

局部清查也称为重点清查，是根据需要只对财产中某些重点部分进行清查。局部清查范围小、内容少、时间短、参与人员少，但专业性较强。一般来说需要局部清查的是：①现金每天业务结束时要清点、结账，做到日清月结；②银行存款至少每月要与银行核对一次；③对于债权债务每年至少要与对方核对一至两次；④对于存货，除年度清查外，每月应有计划轮流进行盘点或重点抽查；⑤对于贵重物资每月至少清查一次。

3. 定期清查

定期清查是指根据计划安排的时间对财产所进行的清查。定期清查一般是在年度、季度或月份结账时进行。

4. 不定期清查

不定期清查也称为临时清查，是根据实际需要对财产物资所进行的临时性清查，不定期清查是一种局部清查。更换财产物资保管人、企业撤销、合并、发生意外灾害和非常损失时需要进行临时清查。

第二节 财产清查前的准备工作及财产清查方法

一、准备工作

财产清查是一项复杂而细致的工作，内容涉及面广、参与人员多，因此在进行财产清查之前，要做好以下准备事项：

（1）制订财产清查计划，确定清查的对象、范围；

（2）组织好相关人员，明确清查任务；

（3）准备好各项物资，会计部门要将总账、明细账等有关会计资料登记齐全并结出余额；物资保管人员要将实物整理清点，贴上标签，注明实物规格与结存数量。清查人员还要准备好清查用的器具、表格及度量衡工具等。

二、财产物资盘存制度

盘点实物资产的实存数是实物资产清查的重要环节。在会计实务中实物资产收入、发出的记录和账面结存数的确定有“永续盘存制”和“实地盘存制”两种盘存制度。

1. 永续盘存制

永续盘存制是指对单位各项财产物资分别设立明细账。根据会计凭证连续记载其增减变化并随时结出余额的一种管理制度。依据的公式为“账面期末余额=账面期初余额+本期增加额-本期减少额”。该方法能从账簿资料中反映企业各项财产物资的结存数额，且手续完备，责任清楚，便于内部控制，但因需要逐笔登记，故工作量较大。

2. 实地盘存制

实地盘存制是指根据有关会计凭证，只登记财产物资的增加数，不登记减少数，月末或一定时期可根据期末盘点资料，弄清各种财务的实有数额，然后根据“期初结存+本期增加数-本期实存数=本期减少数”的公式，倒推出本期减少数额，并记入有关明细账中的一种物资盘存管理制度。该方法看似简单，并能使账面平衡，但是手续不够严密，不易发现管理中存在的问题。

三、财产物资的清查方法

1. 实物的清查方法

（1）实地盘点法。实地盘点法是指在财产物资的存放现场通过逐一清点数量或用计量仪器确定其实存数的一种方法。该方法可以得出准确的数据，但是工作量较大。

（2）技术推算法。技术推算法是指利用技术方法推算财产物资实存数的方法。适用于煤炭、砂石等大量成堆，难以逐一清点的财产物资。

表 5－1　　实存账存对比表

单位名称：　　　　　　　　　　　　　　____年____月____日

<table>
<tr><td rowspan="3">编号</td><td rowspan="3">类别及名称</td><td rowspan="3">计量单位</td><td rowspan="3">单价</td><td colspan="2">实存</td><td colspan="2">账存</td><td colspan="4">对比结果</td><td rowspan="3">备注</td></tr>
<tr><td rowspan="2">数量</td><td rowspan="2">金额</td><td rowspan="2">数量</td><td rowspan="2">金额</td><td colspan="2">盘盈</td><td colspan="2">盘亏</td></tr>
<tr><td>数量</td><td>金额</td><td>数量</td><td>金额</td></tr>
<tr><td></td><td></td><td></td><td></td><td></td><td></td><td></td><td></td><td></td><td></td><td></td><td></td><td></td></tr>
</table>

2. 货币资金的清查方法

（1）库存现金的清查。库存现金主要采用实地盘点的方法来确定实存数，再与现金日记账的账面余额核对，以查明账实是否相符。现金清点结束时应填写“库存现金盘点报告表”，如表 5－2 所示。

表 5－2　　库存现金盘点报告表

单位名称：　　　　　　　　　　盘点日期：____年____月____日

<table>
<tr><td rowspan="2">实存金额</td><td rowspan="2">账存金额</td><td colspan="2">盘亏情况</td><td rowspan="2">备注</td></tr>
<tr><td>盘盈</td><td>盘亏</td></tr>
<tr><td></td><td></td><td></td><td></td><td></td></tr>
</table>

（2）银行存款的清查。银行存款无具体的实物可以清点时，其清查的方式采用与开户银行核对账目的方法，即将单位登记的银行存款日记账与银行送来的对账单逐笔核对增减额和同一日期的余额。出现银行存款日记账与银行的账簿记录不符的原因有：存在“未达账项”，即一方已经入账，但由于凭证传递时间的原因另一方尚未登记入账；双方账目存在错账、漏账。

如果本单位的银行存款日记账发生错账、漏账，应及时予以纠正，对于未达账项，则应该在查明原因后编制银行存款余额调节表。未达账项主要有以下几种情况：

①对企业存入银行的款项，企业已经作为存款入账，但是银行尚未入账。

②企业开出的支票或其他支付凭证，企业已经作为存款减少入账，但是银行尚未入账。

③对委托银行代收的款项，银行已作为企业存款增加入账，但是企业尚未入账。

④对委托银行代付的款项，银行已作为企业存款减少入账，但是企业尚未入账。

银行存款余额调节表是在企业和银行对账的基础上，将企业的账面余额和银行对账单余额各自补计对方已记账而本单位尚未入账的余额（包括增加额和减少额）进行登记。经过调节后，双方的余额应相互一致。

【例题5－1】　某企业2009年10月31日银行存款账户的余额为258 700元，银行对账单上的余额为265 000元，经逐笔核对双方记账均无错误，但是有以下几笔未达账项：

企业委托银行代收的到期商业汇票20 000元，银行已收到并登记入账，企业尚未登记入账。

企业在本月末收到其他单位的转账支票一张，面额14 000元，企业已登记入账，银行尚未登记入账。

银行接受企业委托代付了水电费7 100元，已登记入账，企业尚未收到支款通知，未入账。

企业为购入一批固定资产已开出转账支票一张面额7 400元，并登记入账，银行尚未付出款项，未入账。

编制银行存款余额调节表，如表5－3所示：

表5－3　　银行存款余额调节表

2009年10月31日　　单位：元

项目	金额	项目	金额
银行存款日记账余额	258 700	银行对账单余额	265 000
加：银行已收，企业未收	20 000	加：企业已收，银行未收	14 000
减：银行已付，企业未付	7 100	减：企业已付，银行未付	7 400
调节后余额	271 600	调节后余额	271 600

需要注意的是，经过调节后的余额，既不等于本单位账面余额，也不等于银行账面余额，而是银行存款的实有数。

3. 往来账项的清查

往来账项包括了应收、应付、预收、预付等款项。往来账项一般采用同对方单位核对账目的方法。清查单位先将自身往来账项核实清楚，再向对方单位填发“往来款项对账单”，如表5-4、表5-5所示。对账单一式两联，都按照明细账逐笔抄列，其中一联作为回单，对方单位若核对无误，应在回单上签章，并将回单寄回清查单位。若发现不符，应在对账单上注明不符的内容，或根据本单位账簿记录另编对账单，作为进一步核对的依据。清查单位收到回单或对账单后，进行核对，并将清查结果登记在“往来账项清查表”中，如表5-6所示。

表5-4　　往来款项对账单（对账联）

×××单位：

你单位××年××月××日到我厂购甲产品×××件已付货款××元，尚有××元的货款未付，请核对后将回联单寄回。

清查单位：××（盖章）

××年××月××日

表5-5　　往来款项对账单（回单联）

××单位：

贵单位寄来的“往来款项对账单”已收到，经核对，结果如下：

……

×××单位（盖章）

××年××月××日

表5-6　　往来账项清查表

总分类账户名称：　　　　____年____月____日

明细分类账户		清查结果		核对不符原因分析			备注
名称	账面余额	核对相符金额	核对不符金额	未达账项金额	有争议款项金额	其他	

通过往来账项的清查，要及时催收该收回的款项，偿还该偿还的账款，对有财务纠纷或无法结算的账项，要报请有关部门处理。

第三节 财产清查结果的处理

对于财产清查中所发现的财产管理、会计核算方面的问题，应在查明原因、分清责任的基础上，依据国家有关法令、政策和制度进行妥善处理。

一、财产清查结果处理的基本要求

（一）分析原因，提出处理意见

通过财产清查所确定的财物账存数与实存数的差异，如财产的盘盈、盘亏，逾期债权、债务等，都要认真查明其性质和原因，明确经济责任，并依据相关的规定提出处理意见。

（二）总结经验教训，加强管理

财产清查后，认真总结财产管理方面的先进经验，吸取造成损失浪费的教训，针对清查中发现的问题和不足，提出改进财产管理的措施，建立健全财产管理的规章制度，保护财产的安全和完整。

（三）调整账簿记录，做到账实相符

对于财产清查中所发现的账实差异以及对差异的处理，必须及时进行账簿记录的调整，做到账实相符。具体步骤是先查明财产盘盈或盘亏等情况，编制记账凭证并据以记账，使各项财产账存数与实存数相等；然后按照差异发生的原因和报批的结果编制记账凭证，据以登记入账。

二、财产清查结果的账务处理

（一）账户设置

为了对财产清查中发现的账实差异进行账务处理，需要设置和运用“待处理财产损溢”账户。

待处理财产损溢账户是用来核算财产清查中各种财产物资的盘盈、盘亏及处理情况的账户，属于资产类账户。该账户的借方登记企业财产物资的盘亏毁损数及经批准转销的财产物资的盘盈数，贷方登记企业财产物资的盘盈数及经批准转销的财产物资的盘亏毁损数；期末余额可能在借方也可能在贷方，借方余额表示尚未批准处理的财产物资盘亏毁损数大于盘盈数的净损失，贷方余额表示尚未批准处理的财产物资盘盈数大于盘亏毁损数的净溢余。该账户下设“待处理固定资产损溢”和“待处理流动资产损溢”两个明细分类账户。

（二）财产盘盈的账务处理

对于财产物资的盘盈，首先应按照盘盈数额调整账面记录。盘盈的固定资产，应按估计原价，借记“固定资产”科目；按新旧程度估计折旧额，贷记“累计折旧”科目；按原价减折旧的差额，贷记“待处理财产损溢”科目。盘盈的流动资产，按估计成本，借记“库存现金”、“原材料”、“库存商品”等有关流动资产科目，贷记“待处理财产损溢”科目。

各种盘盈的财产物资，按规定报经批准后，应进行转账。固定资产盘盈，按增加营业外收入处理，借记“待处理财产损溢”科目，贷记“营业外收入”科目。流动资产盘盈，按冲减管理费用处理，借记“待处理财产损溢”科目，贷记“管理费用”科目。

【例题5-2】　某公司12月末财产清查时发现账外设备一台，其重置价值为8 000元，估计已提折旧2 000元。后报经批准，作为增加营业外收入处理。

财物盘盈时，账务处理如下：

借：固定资产　　8 000

　贷：待处理财产损溢　　6 000

　　　累计折旧　　2 000

根据审批意见转销盘盈时，账务处理如下：

借：待处理财产损溢　　6 000

　贷：营业外收入　　6 000

【例题5-3】　公司12月末在财产清查中发现甲材料盘盈2 100元，经查是由于收发计量上的原因造成的。后报经批准作冲减管理费用处理。

发现盘盈时，账务处理如下：

借：原材料——甲材料　　2 100

　贷：待处理财产损溢　　2 100

根据审批意见转销盘盈时，账务处理如下：

借：待处理财产损溢　　2 100

　贷：管理费用　　2 100

（三）财产盘亏和毁损的账务处理

对于财产物资的盘亏和毁损，首先应按照盘亏和毁损数额调整账面记录。盘亏和毁损的固定资产，应按账面原价减折旧的差额，借记“待处理财产损溢”科目；按账面折旧额，借记“累计折旧”科目；按账面原价，贷记“固定资产”科目。盘亏和毁损的流动资产，按盘亏和毁损的账面数额，借记“待处理财产损溢”科目，贷记“原材料”、“库存商品”等有关流动资产科目；购进的原材料等所发生的非正常损失，应将其相应的增值税进项税额予以转出，借记“待处理财产损溢”科目，贷记“应交税金——应交增值税”科目。

【例题5-7】 公司在财产清查中发现丙材料盘亏5 000元，经查属定额内损耗1 500元，管理人员过失1 000元，自然灾害损失为2 500元。

借：待处理财产损溢　　5 000
　贷：原材料——丙材料　　5 000
借：管理费用　　1 500
　　其他应收款　　1 000
　　营业外支出　　2 500
　贷：待处理财产损溢　　5 000

【例题5-8】 发现盘亏设备一台，其原始价值为5 000元，已提折旧3 500元。

借：待处理财产损溢　　1 500
　　累计折旧　　3 500
　贷：固定资产　　5 000
借：营业外支出　　1 500
　贷：待处理财产损溢　　1 500

无法收回的款项处理：企业应收账款发生减值时，应将减值的金额确认为减值损失，计提坏账准备。企业按一定比例计提坏账准备时，借记“资产减值准备”，贷记“坏账准备”，当该笔应收款项经报批作为坏账转销时，则冲减已计提的坏账准备，借记“坏账准备”，贷记“应收账款”、“其他应收款”等科目。

复习思考题

1. 什么是财产清查，进行财产清查有什么意义？
2. 财产清查的方法有哪些？
3. 简述财产清查的制度及其各自的优缺点。

4. 什么是未达账项，如何编制银行存款余额调节表？

一、名词解释

1. 财产清查　2. 全面清查　3. 局部清查　4. 定期清查
5. 不定期清查　6. 永续盘存制　7. 实地盘存制　8. 未达账项

二、填空题

1. 财产清查是指通过对一定时期内________的盘点和核对，确定其______，查明________与________是否相符的一种专门方法。

2. 财产清查按照清查的对象范围，可以分为________和________；按照清查时间的不同分为__________和__________。

3. 财产物资的盘存制度，分为__________和__________。

4. 实物的清查方法有__________和__________。

5. 库存现金主要采用__________的方法来确定实存数，再与______的账面余额核对，以查明账实是否相符。

6. 银行存款清查的方式是将单位登记的__________与银行送来的__________逐笔核对增减额和同一日期的余额。

7. 如果本单位的银行存款日记账发生错账漏账应及时予以纠正，对于________，则应该在查明原因后编制________________。

8. 应收、应付、预收、预付等往来账项一般采用同对方单位核对________的方法。

9. 为了对财产清查中发现的账实差异进行账务处理，需要设置和运用________账户。

10. 企业应收账款发生减值时，应将减值的金额确认为减值损失，计提__________。

三、单项选择题

1. 财产清查是对（　　）进行盘点和核对，确定其实存数，并检查其账存数和实存数是否相符的一种专门方法。

A. 存货　　B. 固定资产
C. 货币资金　　D. 各项财产

2. 全面清查和局部清查是按照（　　）来划分的。

A. 财产清查的范围　　B. 财产清查的时间
C. 财产清查的方法　　D. 财产清查的性质

3. 企业在遭受自然灾害后，对其受损的财产物资进行的清查，属于（　　）。

A. 局部清查和定期清查　　B. 全面清查和定期清查

C. 全面清查和不定期清查　　D. 局部清查和不定期清查

4. 年终决算前进行的财产清查属于（　　）。

A. 局部清查和定期清查　　B. 全面清查和定期清查

C. 全面清查和不定期清查　　D. 局部清查和不定期清查

5. 下列说法正确的是（　　）。

A. 库存现金应该每日清点一次　　B. 银行存款每月至少同银行核对两次

C. 贵重物资每天应盘点一次　　D. 债权债务每年至少核对二、三次

6. 对库存现金的清查应采用的方法是（　　）。

A. 实地盘点法　　B. 检查现金日记账

C. 倒挤法　　D. 抽查现金

7. 关于现金的清查，下列说法不正确的是（　　）。

A. 在清查小组盘点现金时，出纳人员必须在场

B. “现金盘点报告表”需要清查人员和出纳人员共同签字盖章

C. 要根据“现金盘点报告表”进行账务处理

D. 不必根据“现金盘点报告表”进行账务处理

8. 对银行存款进行清查，应该采用的方法是（　　）。

A. 定期盘点法　　B. 与银行核对账目法

C. 实地盘存法　　D. 和往来单位核对账目法

9. 编制银行存款余额调节表时，本单位银行存款调节后的余额等于（　　）。

A. 本单位银行存款余额＋本单位已记增加而银行未记增加的账项－银行已记增加而本单位未记增加的账项

B. 本单位银行存款余额＋银行已记增加而本单位未记增加的账项－银行已记减少而本单位未记减少的账项

C. 本单位银行存款余额＋本单位已记增加而银行未记增加的账项－本单位已记增加而银行未记增加的账项

D. 本单位银行存款余额＋银行已记减少而本单位未记减少的账项－银行已记增加而本单位未记增加的账项

10. 对于天然堆放的矿石，一般采用（　　）法进行清查。

A. 技术推算　　B. 抽查检验

C. 询证核对　　D. 实地盘点

11. 下列属于实物资产清查范围的是（　　）。

A. 库存现金　　B. 存货

C. 银行存款　　D. 应收账款

12. 盘亏的固定资产应该通过（　　）科目核算。

A. 固定资产清理　　B. 待处理财产损溢

C. 以前年度损益调整　　D. 材料成本差异

13. 无法查明原因的现金盘盈应该记入（　　）科目。

A. 管理费用　　B. 营业外收入

C. 销售费用　　D. 其他业务收入

14. 红星公司2010年6月30日银行存款日记账的余额为100万元，经逐笔核对，未达账项如下：银行已收企业未收的2万元，银行已付企业未付的1.5万元。调整后的企业银行存款余额应为（　　）万元。

A. 100　　B. 100.5

C. 102　　D. 103.5

15. 某企业盘点中发现盘亏一台设备，原始价值50 000元，已计提折旧10 000元。根据事先签订的保险合同，保险公司应赔偿30 000元，则扣除保险公司赔偿后剩余的净损失10 000元应计入（　　）。

A. 累计折旧　　B. 营业外支出　　C. 管理费用　　D. 资本公积

16. 某企业非正常损失材料100千克，单价为200元，购货增值税专用发票上注明的增值税为3 400元，在经批准前，以下账务处理正确的是（　　）。

A. 借：待处理财产损溢——待处理流动资产损溢	23 400	
贷：原材料		23 400
B. 借：原材料	20 000	
贷：待处理财产损溢——待处理流动资产损溢		20 000
C. 借：待处理财产损溢——待处理流动资产损溢	23 400	
贷：原材料		20 000
应交税费——应交增值税（进项税额转出）		3 400
D. 借：待处理财产损溢——待处理流动资产损溢	23 400	
贷：原材料		20 000
应交税费——应交增值税（销项税额）		3 400

17. 对往来款项进行清查，应该采用的方法是（　　）。

A. 技术推算法　　B. 与银行核对账目法

C. 实地盘存法　　D. 发函询证法

18. 下列反映在待处理财产损溢科目借方的是（　　）。

A. 财产的盘亏数　　B. 财产的盘盈数

C. 财产盘亏的转销数　　D. 尚未处理的财产净溢余

19. 清查中已查明盘亏的财产物资，一般说来由个人造成的损失应计入(　　)。

A. 管理费用　　B. 营业外支出

C. 其他应收款　　D. 制造成本

20. 下列情况需要进行全面清查（　　）。

A. 出纳人员调动　　B. 仓库产成品被盗

C. 单位主要领导调离　　D. 企业和银行对账

四、多项选择题

1. 财产清查常用的方法有（　　）。

A. 实地盘点法　　B. 技术推算法

C. 对账单核对法　　D. 直接核对法

2. 下列情况适用于全面清查的有（　　）。

A. 年终决算前

B. 单位撤销、合并或改变隶属关系前

C. 全面清产核资、资产评估

D. 单位主要负责人调离工作前

3. 全面清查是指对企业的全部财产进行盘点和核对，包括属于本单位和存放在本单位的所有财产物资、货币资金和各项债权债务。其中的财产物资包括(　　)。

A. 在本单位的所有固定资产、库存商品、原材料、包装物、低值易耗品、在产品、未完工程等

B. 属于本单位的各种在途物资

C. 委托其他单位加工、保管的材料物资

D. 存放在本单位的代销商品、材料物资等

4. 下列情况需要进行不定期清查的是（　　）。

A. 年终决算前进行财产清查　　B. 更换财产物资保管人员

C. 发生自然灾害或意外损失　　D. 临时性清产核资

5. 下列不适于采用实地盘点法清查的是（　　）。

A. 原材料　　B. 固定资产

C. 露天堆放的沙石　　D. 露天堆放的煤

6. 下列属于财产清查一般程序的有（　　）。

A. 组织清查人员学习有关政策规定

B. 确定清查对象、范围，明确清查任务

C. 制订清查方案

D. 填制盘存单和清查报告表

7. 关于库存现金的清查，下列说法正确的有（　　）。

A. 库存现金应该每日清点一次

B. 库存现金应该采用实地盘点法

C. 在清查过程中可以用借条、收据充抵库存现金

D. 要根据盘点结果编制“现金盘点报告表”

8. 关于往来款项和库存现金的清查，下列说法正确的有（　　）。

A. 往来款项的清查一般采用与对方对账的方法

B. 往来款项的清查要按每一个经济往来单位填制“往来款项对账单”

C. 采用发函询证法，对方单位经过核对相符后，在回联单上加盖公章退回，表示已经核对

D.“现金盘点报告表”不能作为调整账簿记录的原始凭证，不能根据“现金盘点报告表”进行账务处理

9. 关于银行存款的清查，下列说法正确的是（　　）。

A. 不需要根据“银行存款余额调节表”作任何账务处理

B. 对于未达账项，等以后有关原始凭证到达后再作账务处理

C. 如果调整之后双方的余额不相等，则说明银行或企业记账有误

D. 对于未达账项，需要根据“银行存款余额调节表”作账务处理

10. 产生未达账项的情况有（　　）。

A. 企业已收款入账，而银行尚未收款入账

B. 企业已付款入账，而银行尚未付款入账

C. 银行已收款入账，而企业尚未收款入账

D. 银行已付款入账，而企业尚未付款入账

11. 下列项目中属于调增项目的是（　　）。

A. 企业已收，银行未收　　B. 企业已付，银行未付

C. 银行已收，企业未收　　D. 银行已付，企业未付

12. 某机械制造企业在财产清查中，发现账外原材料一批，估计价值为80 000元，并按规定报经批准。会计机构对此应作的会计分录有（　　）。

A. 借：待处理财产损溢　80 000
　　贷：原材料　80 000

B. 借：待处理财产损溢　80 000
　　贷：营业外收入　80 000

C. 借：原材料　80 000
　　贷：待处理财产损溢　80 000

D. 借：待处理财产损溢　　80 000
　　贷：管理费用　　80 000

13. 财产清查中查明的各种财产物资的盘亏，根据不同的原因，报经审批后可能列入的账户有（　　）。

A. 营业外支出　　B. 其他应收款
C. 管理费用　　D. 营业外收入

14. 库存现金盘亏的账务处理中可能涉及的科目有（　　）。

A. 库存现金　　B. 管理费用
C. 其他应收款　　D. 营业外支出

15. 财产清查的正确分类方法有（　　）。

A. 全面清查和局部清查　　B. 定期清查和不定期清查
C. 全面清查和定期清查　　D. 定期清查和局部清查

16. 造成账实不符的原因主要有（　　）。

A. 财产物资的自然损耗　　B. 财产物资收发计量错误
C. 财产物资的毁损、被盗　　D. 会计账簿漏记、重记、错记

五、判断题

1. 财产清查就是对各项实物资产进行的清查核对工作。(　　)

2. 财产清查的范围仅限于所有权属于企业的各种财产物资和债权债务。(　　)

3. 定期清查和不定期清查对象的范围既可以是全面清查，也可以是局部清查。(　　)

4. “盘存单”需经盘点人员和实物保管人员共同签章方能有效。(　　)

5. 经过银行存款余额调节表调节后的存款余额，是企业可动用的银行存款实有数。(　　)

6. 财产清查中，对于银行存款、一些贵重物资至少每月与银行或有关单位核对一次。(　　)

7. 库存现金的清查包括出纳人员每日的清点核对和清查小组定期和不定期的清查。(　　)

8. “银行存款余额调节表”编制完成后，可以作为调整企业银行存款余额的原始凭证。(　　)

9. 未达账项包括企业未收到凭证而未入账的款项和企业、银行未收到凭证而未登记入账的款项。(　　)

10. 在进行库存现金和存货清查时，出纳人员和实物保管人员不得在场，由盘点人员将盘点结果通知保管人员。(　　)

11. 非正常原因造成的存货盘亏损失经批准后应该计入营业外支出。( )

12. 存货发生盘亏时，应根据不同的原因作出不同的处理，若属于一般经营性损失或定额内损失，记入“管理费用”科目。( )

六、业务题

练习一

目的：练习银行存款对账方法。

资料：卫荣工厂20××年6月30日银行存款账户余额为169 000元，银行对账单的余额为192 000元，双方核对账目后发现有以下4项未达账项：

1. 卫荣工厂收到转账支票48 000元，送存银行。工厂已收，银行尚未入账。
2. 工厂6月发生了水电费2 000元，银行已经支付，但是工厂尚未入账。
3. 工厂购买一批原材料，接到托收凭证，需承付货款30 000元，工厂已经入账，因承付期未满，银行未入账。
4. 外单位电汇款42 000元，银行已经收妥入账，工厂尚未入账。

要求：根据以上资料的未达账项编制银行存款余额调节表，确立企业月末实际可用的银行存款余额。

练习二

目的：练习银行存款余额调节表的编制方法。

资料：丙企业某年4月30日银行存款日记账余额为144 300元，银行对账单余额为157 500元。经逐笔核对，发现以下未达账项：

1. 托银行代收的销货款6 000元，银行已收到入账，但企业未收到银行收款通知，尚未入账。
2. 于月末开转账支票35 100元，持票人尚未到银行办理转账手续。
3. 企业于月末交银行的转账支票26 400元，银行尚未入账。
4. 银行代扣企业借款利息1 500元，企业尚未收到付款通知。

要求：编制银行存款余额调节表。

银行存款余额调节表

20××年4月30日

项目	金额	项目	金额
银行存款日记账余额		银行对账单余额	
加:		加:	
减:		减:	
调节后存款余额		调节后存款余额	

练习三

目的：练习财产清查结果的账务处理。

资料：南方工厂20××年12月30日进行财产清查结果如下：

1. 财产清查中，发现盘盈A材料400千克，单位实际成本10元，列账待查。

2. 发现B材料盘亏2 000元，列账待查。

3. 基本生产车间盘盈设备一台，重置价值8 000元，估计已计提折旧6 000元，列账待查。

4. 生产车间盘亏设备一台，原始价值5 000元，已提折旧2 400元，列账待查。

5. 经查A材料盘盈是由于收发计量上的原因造成的。

6. 经查B材料的盘亏属于定额内损耗500元，管理人员过失700元，自然灾害损失为800元。

7. 盘盈或盘亏的设备经批准后，列入营业外收支。

8. 在财产清查中，查明本单位所欠外单位购货款1 000元，确认无法支付，经批准列作营业外收入。

9. 查明单位应收的某公司货款3 000元，经查证确实无法收回，单位日常核算时已提取坏账准备，经批准，予以核销，冲销坏账准备。

要求：根据以上资料编制会计分录。

第六章

账务处理程序

学习目标

了解账务处理程序的意义和基本流程，明确各种账务处理程序的核算要求、步骤和使用范围，掌握按不同单位的具体情况设置账务处理程序的基础知识和操作技能。

第一节　账务处理程序的含义及意义

账务处理程序是会计核算组织程序，即从整理原始凭证，填制审核记账凭证，登记会计账簿到最后编制会计报表的过程。具体包括以下步骤：

①接受并审核原始凭证，填制记账凭证；

②登记序时账和分类账（总分类账、明细分类账）；

③对账；

④调整应计账项并计算成本和损益；

⑤结账、编制会计报表。

因为工作程序和方法的不同形成了不同的账务处理程序。科学地组织账务处理程序，有利于提高会计工作效率，保证会计记录的完整性与正确性。

在我国，账务处理程序主要有记账凭证账务处理程序、汇总记账凭证账务处理程序、科目汇总表账务处理程序三种。

第二节　记账凭证账务处理程序

一、记账凭证账务处理程序的特点

记账凭证账务处理程序是会计核算中最基本的一种，它的特点是根据记账凭证逐笔登记总分类账。在该账务处理程序下，现金日记账和银行存款日记账只是序时登记收付款业务，不作为登记总分类账的依据。记账凭证既可以采用通用格式，也可以采用收款、付款、转账凭证格式；现金日记账和银行存款日记账一般采用三栏式格式，总分类账也采用三栏式格式，明细账可采用三栏式、多栏式或数量金额式。

二、记账凭证账务处理程序的核算步骤

记账凭证账务处理程序的步骤，一般可归纳如下，如图 6 – 1 所示：

①根据原始凭证编制原始凭证汇总表；

②根据原始凭证或原始凭证汇总表编制记账凭证；

③根据收款凭证、付款凭证逐笔登记现金日记账和银行存款日记账；

④根据原始凭证、原始凭证汇总表和记账凭证登记各类明细账；

⑤根据记账凭证逐笔登记总分类账；

⑥月末将现金日记账、银行存款日记账和明细分类账的余额同有关总分类账的余额核对，看是否相符；

⑦月末根据总分类账和明细分类账资料编制财务报表。

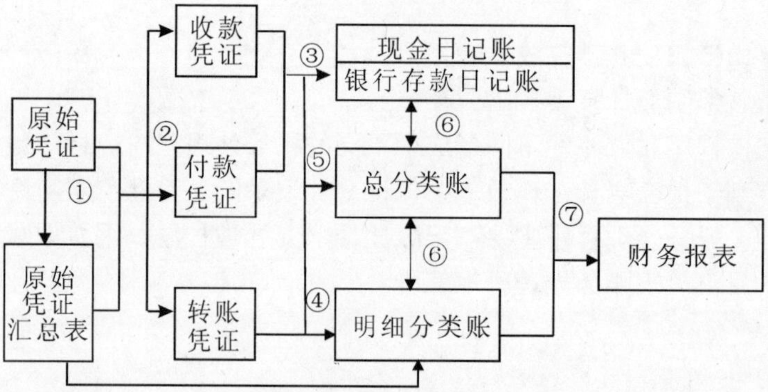

图 6 – 1

三、记账凭证账务处理程序的优缺点

该账务处理程序的优点是简单明了，总分类账可以较详细地反映经济业务的发生和完成情况，方便会计核对与查账。缺点是登记总分类账的工作量较大，因此该账务处理程序较适合规模小、经济业务内容不多的单位。

第三节　汇总记账凭证账务处理程序

一、汇总记账凭证账务处理程序的特点

汇总记账凭证账务处理程序的特点是根据记账凭证定期编制汇总记账凭证，并据以登记总账。该账务处理程序中的账簿设置、各种账簿的格式以及记账凭证的种类和格式与记账凭证账务处理程序基本相同。但是总分类账的账页格式必须增设“对应账户”栏，另外还要编制汇总记账凭证。汇总记账凭证是根据收款、付款、转账三种记账凭证定期汇总编制的，也分为汇总收款凭证、汇总付款凭证、汇总转账凭证。

汇总收款凭证应只以“现金”和“银行存款”账户的借方设置，并只以相应的贷方科目归类汇总。汇总付款凭证应按“现金”和“银行存款”账户的贷方设置，并按相应的借方科目归类汇总。

在编制时，应当注意现金和银行存款之间相互划转的业务，如果同时填制收款、付款凭证的，应以付款凭证为据。例如，以现金存入银行，应根据现金付款凭证编制；从银行提取现金，应根据银行存款付款凭证编制。

汇总收款凭证和汇总付款凭证都要定期（一般为每隔五天或十天）填列，每月填制一张。月末，根据现金、银行存款汇总收款凭证的合计数，分别记入总分类账户现金和银行存款账户的借方，以及各个对应账户的贷方；根据现金、银行存款汇总付款凭证的合计数，分别记入总分类账户现金、银行存款账户的贷方，以及各个对应账户的借方。

汇总转账凭证应按照库存现金账户、银行存款账户以外的每一账户的贷方设置，并按其对应的借方账户归类汇总，一般为每隔五天或十天汇总填制一次，每月编制一张。月末结算出汇总转账凭证的合计数，分别记入总分类账中各个应借账户的借方，以及该汇总转账凭证所开设的应贷账户的贷方。

因为汇总转账凭证上的科目对应关系是一个贷方科目与一个或几个借方科目相对应，所以，在汇总记账凭证账务处理程序中，为了便于编制汇总转账凭证，

要求所有转账凭证只按一个贷方科目与一个或几个借方科目相对应来填列，不得填制一个借方科目与几个贷方科目相对应的转账凭证，否则就不能以贷方科目为主进行汇总。

二、汇总记账凭证账务处理程序的步骤

汇总记账凭证账务处理程序的步骤，一般可归纳如下，并见图 6－2 所示：

①根据原始凭证或原始凭证汇总表填制记账凭证；

②根据收款凭证、付款凭证逐笔登记现金日记账和银行存款日记账；

③根据原始凭证、原始凭证汇总表或记账凭证逐笔登记各种明细账；

④根据收款凭证、付款凭证和转账凭证，定期编制汇总收款凭证、汇总付款凭证和汇总转账凭证；

⑤根据各种汇总记账凭证登记总分类账；

⑥月末，将日记账和明细账的余额与有关总分类账的余额进行核对；

⑦月末，根据总分类账和明细账的资料编制账务报表。

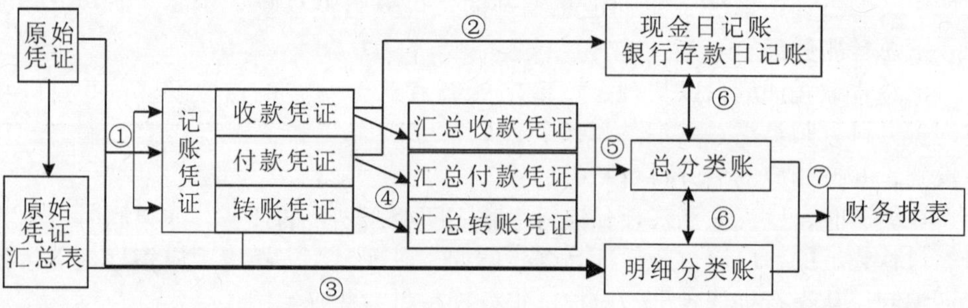

图 6－2

三、汇总记账凭证账务处理程序的优缺点

在汇总记账凭证账务处理程序下，通过定期编制汇总记账凭证、月末一次登记总分类账簿，大大减少了登记总账的工作量，而且汇总记账凭证能够清晰地反映各科目之间的对应关系和经济业务的来龙去脉，因而便于对经济业务进行分析和检查。但是，转账凭证是按第一贷方设置科目，而不是按经济业务的性质归类汇总的，因而不利于日常核算工作的合理分工，而且在经济业务比较零星、同一贷方科目的转账凭证数量不多的情况下，汇总工作量比较大，简化总账的登记工作量作用就不明显。它适用于规模较大、经济业务较多的大、中型企业。

四、汇总记账凭证的编制方法

汇总收款凭证、汇总付款凭证和汇总转账凭证定期汇总填列，其一般格式如表6－1、表6－2、表6－3所示。

表6－1　　汇总收款凭证

借方科目：银行存款　　20××年×月×日　　汇银收字1号

贷方科目	金额				总账页次	
	1—10日 收款凭证共×张	11—20日 收款凭证共×张	20—30日 收款凭证共×张	合计	借方	贷方
应收账款	3 400			3 400		
主营业务收入	5 000	2 500	8 000	15 500	略	略
短期借款		2 000		2 000		
合计	8 400	45 00	8 000	20 900		

表6－2　　汇总付款凭证

贷方科目：银行存款　　20××年×月×日　　汇银付字1号

借方科目	金额				总账页次	
	1—10日 付款凭证共×张	11—20日 付款凭证共×张	20—30日 付款凭证共×张	合计	借方	贷方
材料采购	40 000			40 000		
销售费用		1 000		1 000	略	略
制造费用			2 000	2 000		
合计	40 000	1 000	2 000	43 000		

表6－3　　汇总转账凭证

贷方科目：其他应收款　　20××年×月×日　　汇银转字1号

借方科目	金额				总账页次	
	1—10日 转账凭证共×张	11—20日 转账凭证共×张	20—30日 转账凭证共×张	合计	借方	贷方
管理费用	×	×	×	×	×	×
合计						

第四节　科目汇总表账务处理程序

一、科目汇总表账务处理程序的特点

科目汇总表账务处理程序是根据记账凭证定期编制科目汇总表，然后根据科目汇总表登记总分类账的一种账务处理程序。其记账凭证、账簿的设置与记账凭证账务处理程序基本相同，但总分类账中不必登记“摘要”栏，另外还要编制科目表。

科目汇总表又称记账凭证汇总表，它的编制方法是根据一定时间内的全部记账凭证，按照相同的会计科目进行归类，定期（五天或十天）汇总出每一个会计科目的借方本期发生额和贷方本期发生额，并填写在科目汇总表的相关栏目内。科目汇总表可以每月汇总编制一张，也可以按旬汇总编制。任何格式的科目汇总表，都只反映各个会计科目的借方本期发生额和贷方本期发生额，不反映各个会计科目的对应关系。科目汇总表的格式如表 6 – 4 所示。

表 6 – 4　　科目汇总表

20××年 10 月 11 日至 20××年 10 月 20 日　　科汇 18 号

科目代码	科目	借方金额		贷方金额	
1403	原材料	56 000			
1601	固定资产	243 000		2 500	
2201	应付票据	21 060		23 000	
2241	其他应付款	35 340		36 240	
……					
合计		355 400		61 740	

二、科目汇总表账务处理程序的步骤

科目汇总表账务处理程序的步骤，一般可归纳如下，并见图 6 – 3 所示：

①根据原始凭证或原始凭证汇总表填制记账凭证；

②根据收款凭证、付款凭证逐笔登记现金日记账和银行存款日记账；

③根据原始凭证、原始凭证汇总表或记账凭证逐笔登记各种明细账；

④根据收款凭证、付款凭证和转账凭证定期编制科目汇总表；

⑤根据科目汇总表登记总分类账；
⑥月末，将日记账和明细账的余额与有关总分类账的余额进行核对；
⑦月末，根据总分类账和明细账的资料编制账务报表。

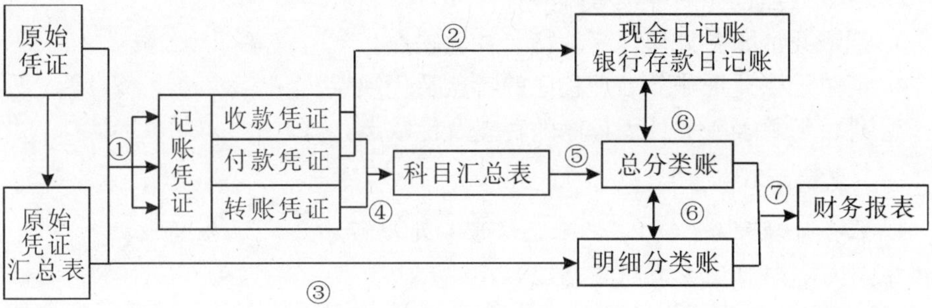

图 6－3

三、科目汇总表账务处理程序的优缺点

科目汇总表账务处理程序根据科目汇总表定期汇总登记总账，因此大大减少了登记总账的工作量，通过编制科目汇总表可以对所汇总期间记账凭证的编制是否正确进行试算平衡，便于发现错误，但是科目汇总表不能反映账户的对应关系，该程序适应于规模较大、经济业务量较多的企业。

四、科目汇总表账务处理程序的应用

根据表 6－4 的科目汇总表登账的方法如表 6－5 所示：

表 6－5　　总分类账

会计科目：其他应付款　　第×号

20××年		凭证号数	摘要	借方	贷方	借或贷	余额
月	日						
10	1		月初余额			贷	2 100
				……	……		……
10	20	科汇 18 号		35 340	36 240		6 000
				……	……		……
10	31		本月发生额及余额	58 430	68 970	贷	10 540

复习思考题

1. 科学地组织账务处理程序的意义是什么?
2. 财务处理程序的种类有哪些?
3. 记账凭证账务处理程序的特点及优缺点。
4. 汇总记账凭证账务处理程序的特点及优缺点。
5. 科目汇总表账务处理程序的特点及优缺点。

一、名词解释

1. 账务处理程序　2. 记账凭证账务处理程序　3. 汇总记账凭证账务处理程序　4. 科目汇总表账务处理程序

二、填空题

1. 账务处理程序是__________________，即从整理________，填制审核__________，登记会计账簿到最后编制__________的过程。

2. 在我国，账务处理程序主要有__________、汇总记账凭证账务处理程序、__________三种。

3. 记账凭证账务处理程序是会计核算中最基本的一种，它的特点是根据__________逐笔登记总分类账。

4. 记账凭证账务处理程序的优点是________，总分类账可以较详细地反映经济业务的发生和完成情况，方便会计核对与查账；缺点是登记总分类账的________。

5. 汇总记账凭证账务处理程序的特点是根据__________定期编制________，并据以登记总账。

6. 汇总记账凭证账务处理程序的汇总工作量比较大，它适用于规模较大、经济业务________的大、中型企业或单位。

7. 科目汇总表账务处理程序是根据________定期编制______表，然后根据__________登记总分类账的一种账务处理程序。

8. 科目汇总表账务处理程序大大减少了登记总账的工作量，通过编制科目汇总表可以对所汇总期间记账凭证的编制是否正确进行________，便于发现错误。

三、单项选择题

1. 各种账务处理程序之间的区别在于（　　）。

A. 总账的格式不同　　B. 编制会计报表的依据不同

C. 登记总账的程序和方法不同　　D. 会计凭证的种类不同

2. (　　) 账务处理程序是最基本的一种账务处理程序。

A. 日记总账　　B. 汇总记账凭证

C. 科目汇总表　　D. 记账凭证

3. 关于记账凭证账务处理程序，下列说法不正确的是 (　　)。

A. 根据记账凭证逐笔登记总分类账，是最基本的账务处理程序

B. 简单明了，易于理解，总分类账可以较详细地反映经济业务的发生情况

C. 登记总分类账的工作量较大

D. 适用于规模较大、经济业务量较多的单位

4. 下列属于记账凭证账务处理程序优点的是 (　　)。

A. 总分类账反映经济业务较详细　　B. 减轻了登记总分类账的工作量

C. 有利于会计核算的日常分工　　D. 便于核对账目和进行试算平衡

5. 下列属于记账凭证财务处理程序主要缺点的是 (　　)。

A. 不能体现账户的对应关系　　B. 不便于会计合理分工

C. 方法不易掌握　　D. 登记总账的工作量较大

6. 汇总记账凭证是依据 (　　) 编制的。

A. 记账凭证　　B. 原始凭证

C. 原始凭证汇总表　　D. 各种总账

7. 科目汇总表是依据 (　　) 编制的。

A. 记账凭证　　B. 原始凭证

C. 原始凭证汇总表　　D. 各种总账

8. 在科目汇总表账务处理程序下，一般应采用 (　　) 记账凭证。

A. 一借多贷　　B. 多借多贷

C. 一贷一借　　D. 一贷多借

9. 采用科目汇总表账务处理程序，(　　) 是其登记总账的直接依据。

A. 汇总记账凭证　　B. 科目汇总表

C. 记账凭证　　D. 原始凭证

10. 以下项目中，属于科目汇总表账务处理程序缺点的是 (　　)。

A. 增加了会计核算的账务处理程序　B. 增加了登记总分类账的工作量

C. 不便于检查核对账目　　D. 不便于进行试算平衡

11. 下列不属于科目汇总表账务处理程序优点的是 (　　)。

A. 科目汇总表的编制和使用较为简便，易学易做

B. 可以清晰地反映科目之间的对应关系

C. 可以大大减少登记总分类账的工作量

D. 科目汇总表可以起到试算平衡的作用，保证总账登记的正确性

12. 常见的三种账务处理程序中会计报表是根据（　　）资料编制的。
A. 日记账、总账和明细账　　B. 日记账和明细分类账
C. 明细账和总分类账　　D. 日记账和总分类账

13. 汇总记账凭证账务处理程序与科目汇总表账务处理程序的相同点是（　　）。
A. 登记总账的依据相同　　B. 记账凭证的汇总方法相同
C. 保持了账户间的对应关系　　D. 简化了登记总分类账的工作量

14. 规模较小、业务量较少的单位适用（　　）。
A. 记账凭证账务处理程序　　B. 汇总记账凭证账务处理程序
C. 多栏式日记账账务处理程序　　D. 科目汇总表账务处理程序

15. 在各种不同账务处理程序中，不能作为登记总账依据的是（　　）。
A. 记账凭证　　B. 汇总记账凭证
C. 汇总原始凭证　　D. 科目汇总表

四、多项选择题

1. 账务处理程序也叫会计核算程序，它是指（　　）相结合的方式。
A. 会计凭证　　B. 会计账簿
C. 会计报表　　D. 会计科目

2. 在我国，常用的账务处理程序主要有（　　）。
A. 记账凭证账务处理程序　　B. 汇总记账凭证账务处理程序
C. 多栏式日记账账务处理程序　　D. 科目汇总表账务处理程序

3. 各种账务处理程序的相同之处是（　　）。
A. 根据原始凭证编制汇总原始凭证
B. 根据原始凭证、汇总原始凭证和记账凭证登记各种明细分类账
C. 根据收款凭证和付款凭证登记现金、银行存款日记账
D. 根据总账和明细账编制会计报表

4. 关于记账凭证账务处理程序，下列说法正确的是（　　）。
A. 根据记账凭证逐笔登记总分类账，是最基本的账务处理程序
B. 简单明了，易于理解，总分类账可以较详细地反映经济业务的发生情况
C. 登记总分类账的工作量较大
D. 适用于规模较大、经济业务量较多的单位

5. 对于汇总记账凭证账务处理程序，下列说法错误的是（　　）。
A. 登记总账的工作量大
B. 不能体现账户之间的对应关系

C. 明细账与总账无法核对

D. 当转账凭证较多时，汇总转账凭证的编制工作量较大

6. 各种会计账务处理程序下，登记明细账的依据可能有（　　）。

A. 原始凭证　　B. 汇总原始凭证

C. 记账凭证　　D. 汇总记账凭证

7. 下列不属于科目汇总表账务处理程序优点的是（　　）。

A. 便于反映各账户间的对应关系　　B. 便于进行试算平衡

C. 便于检查核对账目　　D. 简化登记总账的工作量

8. 下列项目中，科学、合理地选择适用于本单位的账务处理程序有利于（　　）。

A. 会计工作程序的规范化　　B. 增强会计信息可靠性

C. 提高会计信息的质量　　D. 保证会计信息的及时性

9. 以下属于记账凭证账务处理程序优点的是（　　）。

A. 简单明了、易于理解

B. 总分类账可较详细地记录经济业务发生情况

C. 便于进行会计科目的试算平衡

D. 减轻了登记总分类账的工作量

10. 以记账凭证为依据，按有关账户的贷方设置，按借方账户归类的是（　　）。

A. 汇总收款凭证　　B. 汇总转账凭证

C. 汇总付款凭证　　D. 科目汇总表

五、判断题

1. 记账凭证账务处理程序是其他各种账务处理程序的基础。（　　）

2. 由于各个企业的业务性质、规模大小、业务繁简不同，所采用的账务处理程序也各不相同。（　　）

3. 同一个企业可以采用多种账务处理程序。（　　）

4. 记账凭证账务处理程序适用于规模大、业务量多的单位。（　　）

5. 汇总记账凭证账务处理程序和科目汇总表账务处理程序的主要相同点在于汇总凭证的格式相同。（　　）

6. 登记总分类账的直接依据只能是各种记账凭证。（　　）

7. 科目汇总表账务处理程序能够反映账户的对应关系。（　　）

8. 各种账务处理程序的相同之处在于其基本模式相同。（　　）

六、业务题

练习一

目的：练习记账凭证账务处理程序。

资料：

1. 某企业20××年12月份各账户期初余额如下表所示。

总分类账户余额表

账户名称	借方金额	账户名称	贷方金额
库存现金	1 000	累计折旧	34 000
银行存款	50 000	短期借款	40 000
应收账款	50 000	应付账款	30 000
原材料	20 000	应交税费	13 000
固定资产	90 000	实收资本	540 000
生产成本	7 500	利润分配	178 500
固定资产	500 000		
合计	718 500	合计	718 500

2. 12月份发生下列经济业务：

(1) 2日，购入原材料一批，共2 000斤，每斤40元，价款80 000元，增值税13 600元，材料已验收入库，货款未付。

(2) 10日，获得海洋公司投资180 000元，存入银行。

(3) 15日，用银行存款支付2日所购原材料的款项93 600元。

(4) 16日，行政部门购买办公用品货款100元，款项用现金支付。

(5) 19日，向银行借入期限为9个月的借款300 000元存入银行。

(6) 20日，销售产品600件，每件200元，货款120 000元，增值税20 400元，款项尚未收到。

(7) 21日，支付销售产品的杂费300元。

(8) 21日，用盈余公积500 000元向所有者分配利润。

(9) 21日，收到一批罚款收入1 500元。

(10) 22日，转账支付本月份应负担的短期借款利息1 000元。

(11) 23日，用现金支付水电费4 000元，其中生产产品消耗2 500元，车间消耗1 000元，行政部门消耗500元。

(12) 24日，预付下半年的报刊杂志费300元。

(13) 26日，提取现金2 000元。

(14) 28日，生产车间领用原材料60 000元。

(15) 30日，发放职工工资10 000元，其中生产工人工资8 000元，车间管理人员工资2 000元。

(16) 30日，从银行提取现金10 000元以备发放职工工资。

(17) 31日，用现金支付职工工资10 000元。

(18) 31日，提取固定资产折旧3 000元，其中生产车间固定资产折旧2 000元，行政管理部门固定资产折旧1 000元。

(19) 31日，结转本月产品负担的制造费用。

(20) 31日，本月产品完工800件，结转完工产品成本。

(21) 31日，结转本月销售产品成本（单位成本94元）。

(22) 31日，计算本月应交所得税（税率33%）。

(23) 31日，结转本月损益。

(24) 31日，按税后利润的10%提取盈余公积。

要求：

1. 根据上述资料1开设三栏式总账，登记期初余额。

2. 根据上述资料2填制收款凭证、付款凭证、转账凭证。

3. 根据记账凭证，逐笔登记总分类账，并结出本期发生额和期末余额。

4. 根据总分类账资料，编制12月份的“总分类账户发生额及余额对照表”，进行试算平衡。

练习二

目的：练习科目汇总表账务处理程序。

资料：见练习一资料。

要求：

1. 根据练习一资料开设三栏式总账，登记期初余额。

2. 根据练习一业务填制记账凭证，按记账凭证填制12月1—10日，11—20日，21—31日三张科目汇总表。

3. 根据记账凭证汇总表按时间顺序登记总账，并结出本期发生额及期末余额。

4. 根据总账资料编制该月份“各账户发生额及余额表”，并进行试算平衡。

第七章

财务会计报告

学习目标

了解财务会计报告的概念和作用，明确会计报表的分类及编制要求，掌握资产负债表、利润表、现金流量表、所有者权益变动表等主要报表的结构、内容和编制方法，了解财务比率分析的相关指标与分析方法。

第一节　财务会计报告概述

一、财务会计报告的定义及作用

在前面的章节中，我们已经学习了将企业的经济业务完整记录下来的方法，但是会计凭证和账簿这些会计资料反映的会计信息较为分散，为了满足会计信息使用者在管理决策方面的需要，我们需要将会计信息进行确认和再计量，编制成财务会计报告，综合反映企业的财务状况、经营成果与现金流量等有关信息。

财务会计报告是指企业对外提供的反映其某一特定日期财务状况和某一会计期间经营成果、现金流量等会计信息的文件。财务会计报告包括会计报表及其附注和其他应当在财务会计报告中披露的相关信息和资料。

财务会计报告对企业具有十分重要的作用，具体体现在以下三点：

（1）可以帮助企业内部的管理者检查企业经营活动的合理性、合法性，考核企业资金、成本、利润等计划指标的完成情况，分析评价管理中存在的不足，为下一期的计划制订提供依据，促进企业增产节约。

（2）为主管部门、投资者、债权人及其他外部单位和部门提供信息。通过财务会计报告，上级主管部门可以全面认识企业的财务状况和经营成果，并以此为据指导、帮助企业沿着正确的轨道发展；有助于投资者、债权人和潜在投资者对不同企业的经营业绩、财务实力进行比较分析，以确定其投资和贷款方向，减少投资风险。

（3）为国家财政、税收、银行和审计部门提供资料。便于财税部门了解企业资金运用是否合理，从而更好地发挥财政、税收的监督职能；便于银行部门考察企业流动资金的使用情况，了解企业的还贷能力，充分发挥银行经济监督的作用；审计部门可以通过财务会计报告了解企业的法律法规执行情况等。

二、财务会计报告的构成

完整的财务会计报告由会计报表、会计报表附注和财务情况说明书组成。会计报表是财务会计报告的核心，按其反映的经济内容不同，可分为资产负债表、利润表、现金流量表和所有者权益变动表。会计报表附注是对报表信息的详细说明，是为便于会计报表使用者理解会计报表的内容，而对会计报表的编制基础、编制依据、编制原则和方法及主要项目等所作的解释。财务状况说明书是企业在一定时期内对财务、成本计划的执行情况，损益形成和增减的原因进行分析总结所形成的文字材料，是财务报表的补充说明。

企业财务会计报告分为年度和中期财务报告。中期财务报告是指以中期为基础编制的财务报告，中期是指短于一个完整的会计年度的报告时段，如半年度、季度和月度财务会计报告。一般仅要求企业在年度和半年度财务会计报告中出具会计报表附注和财务情况说明书，因而，季度、月度中期财务会计报告通常仅指会计报表。

三、会计报表的分类

不同性质的会计主体，由于会计核算的目的和经济管理的要求不同，因而会计报表的种类也不尽相同。就企业而言，会计报表可作以下分类。

（一）按服务对象分类

1. 对外报表

这是企业必须定期编制，定期向上级部门、银行、财税部门等报送或按规定向社会公布的会计报表，是一种主要的、定期规范化的财务报告。

2. 内部报表

这是企业根据其内部经营管理的需要而编制的，供其内部管理人员使用的会计报表。如成本、综合等报表绝大多数都属于内部报表。

（二）按报表所提供会计信息的重要性分类

1. 主表

主表即主要会计报表，是指所提供的会计信息比较全面、完整，能基本满足各种信息需求者不同要求的会计报表。现行的主表主要有资产负债表、利润表和现金流量表。

2. 附表

附表即从属报表，是指对主表中不能或难以详细反映的一些重要信息作补充说明的报表。

现行的附表主要有：作为利润表附表的利润分配表和分部报表、作为资产负债表附表的应交增值税明细表和资产减值准备明细表。

（三）按编制与报送的时间不同分类

1. 月份报表（月报）

如资产负债表、利润表、应交增值税明细表，一般按月编制。

2. 季度报表（季报）

季报除了包括月报以外，还需编报一些比较次要的会计报表。现行制度对哪些报表需编季报未作规定，由有关部门自行决定。

3. 年度报表（年报）

年报包括所有的会计报表，用来全面反映企业财务、成本、成果等计划情况和结果。

（四）按编报单位不同分类

1. 基层会计报表

这是指由独立核算的基层单位编制的会计报表，是用以反映本单位财务状况和经营成果的报表。

2. 合并会计报表

这是指由总公司或集团性公司所属独立核算的企业单位的会计报表与公司本身的会计报表合并汇总编制的会计报表。

3. 汇总会计报表

这是指上级和管理部门将本身的会计报表与其所属单位报送的基层报表汇总编制而成的会计报表。

（五）按编报的会计主体不同分类

1. 个别报表

这是指在以母公司和子公司组成的具有控股关系的企业集团中，由母公司和子公司各自为主体单独编制的报表，用以分别反映母公司和子公司各自的财务状况和经营成果。

2. 合并报表

这是以母公司和子公司组成的企业集团为一会计主体，以母公司和子公司单独编制的个别会计报表为基础，由母公司编制的综合反映企业集团经营成果、财务状况及其资金变动情况的会计报表。

第二节　资产负债表的编制

一、资产负债表的概念和作用

资产负债表是反映企业在某一特定日期（如月末、季末、年末等）财务状况的报表，是静态报表。它是根据“资产 = 负债 + 所有者权益”会计等式编制的，按照一定的分类标准和一定的顺序，把企业在一定日期的资产、负债、所有者权益各项目予以适当排列整理后编制而成的。它表明了企业在某一特定日期的资产、负债和所有者权益的情况，表明了企业在某一特定日期所拥有或控制的经济资源、所承担的现时义务和所有者对企业资产的要求权。

二、资产负债表的结构与内容

资产负债表一般有表首、正表、补充资料三部分。国际上资产负债表通常有报告式和账户式两种格式。报告式也称垂直式，它设置的依据是“资产 - 负债 = 所有者权益”，其结构分为上、下两方，上方列示资产项目，下方列示负债及所有者权益项目，上、下两方的合计数相等。而我国的资产负债表采用的是账户式，如表 7 - 1 所示，具体格式是：

（1）资产负债表分为左右两方，左侧为资产，右侧为负债和所有者权益，资产总额等于负债加所有者权益合计数额。

（2）左侧资产内部各个项目按照各项资产流动性的强弱进行排列。流动性越强，越往前排，反之，越往后排。

（3）右侧负债和所有者权益两项按照求偿权的顺序进行排列。负债列于所有者权益之前。

表 7－1　　资产负债表

编制单位：　　20××年×月×日　　单位：元

资　产	行次	年初数	期末数	负债及所有者权益	行次	年初数	期末数
流动资产：				流动负债：			
货币资金	1			短期借款	28		
交易性金融资产	2			交易性金融负债	29		
应收票据	3			应付票据	30		
应收账款	4			应付账款	31		
预付账款	5			预收账款	32		
应收股利	6			应付职工薪酬	33		
应收利息	7			应交税费	34		
其他应收款	8			应付利息	35		
存货	9			应付股利	36		
一年内到期的非流动资产	10			其他应付款	37		
其他流动资产	11			一年内到期的非流动负债	38		
流动资产合计				其他流动负债	39		
非流动资产：				流动负债合计			
可供出售金融资产	12			非流动负债：			
持有至到期投资	13			长期借款	40		
长期应收款	14			应付债券	41		
长期股权投资	15			长期应付款	42		
投资性房地产	16			专项应付款	43		
固定资产	17			预计负债	44		
固定资产清理	18			递延所得税负债	45		
生产性生物资产	19			其他非流动负债	46		
油气资产	20			非流动负债合计			
无形资产	21			负债合计			
开发支出	22			所有者权益（或股东权益）：	47		

（续上表）

资　产	行次	年初数	期末数	负债及所有者权益	行次	年初数	期末数
商誉	23			实收资本（或股本）	48		
长期待摊费用	24			资本公积	49		
其他长期资产	25			减：库存股	50		
递延所得税资产	26			盈余公积	51		
其他非流动资产	27			未分配利润	52		
非流动资产合计				所有者权益（或股东权益）合计			
资产合计				负债和所有者权益（或股东权益）合计			

三、资产负债表的编制方法

资产负债表的“年初数”栏内各项数字，应根据上年末资产负债表的“期末数”栏内所列数字填列，“期末数”栏内各项数字根据会计期末各总账账户及所属明细账户的余额填列。如果本年度资产负债表规定的各项目的名称和内容与上年不一致，则应对上年年末资产负债表各项目的名称和数字按照本年度的规定进行调整，填入本表“年初数”栏内。

资产负债表的“期末数”栏则可为月末、季末或年末的数字，其资料来源和填列方法包括：

（1）根据总账科目余额直接填列。如应收票据、应收股利、应收利息、固定资产原价、累计折旧、固定资产减值准备、固定资产清理、工程物资、短期借款、应付工资、应付福利费、应付股利、应交税费、其他应付款、预计负债等。

（2）根据总账科目余额计算填列。如货币资金、存货、预提费用、未分配利润等。例如，“货币资金”项目要根据“库存现金”、“银行存款”、“其他货币资金”科目的期末余额合计数计算填列。

（3）根据明细账户的期末余额直接填列。如法定公益金。

（4）根据明细账户期末余额计算填列。如预付账款、应付账款、预收账款等。其中“应付账款”根据“应付账款”、“预付账款”科目所属有关明细科目的期末贷方余额计算填列。

（5）根据总账、明细账的期末余额分析计算填列。如长期待摊费用、长期借款、应付债券、长期应付款等。其中“长期借款”项目，根据“长期借款”总账科目期末余额扣除“长期借款”科目所属明细科目所反映的将于一年内到期的长期借款部分，分析计算填写。

（6）根据有关资产账户的期末余额减去备抵账户的期末余额后的净额填列。如短期投资、应收账款、其他应收款、长期股权投资、长期债权投资、固定资产净额、在建工程、无形资产等。其中“存货”项目根据“存货”科目的期末余额，减去“存货跌价准备”备抵科目余额后的净额填列，又如“无形资产”项目根据“无形资产”科目的期末余额，减去“无形资产减值准备”与“累计摊销”备抵科目余额后的净额填列。

四、资产负债表各项目的填列方法

现举例说明资产负债表各项目的填列方法。红星工厂20××年3月底各账户期末余额如表7－2和表7－3所示：

表7－2　　红星工厂20××年3月有关总账账户余额表

单位：元

账户名称	借方余额	账户名称	贷方余额
库存现金	460	短期借款	50 000
银行存款	120 000	应付票据	4 050
其他货币资金	21 000	应付账款	14 900
交易性金融资产	20 000	坏账准备	200
应收账款	7 000	预收款项	5 100
应收票据	60 000	应交税费	39 500
预付账款	6 300	应付职工薪酬	20 090
原材料	691 860	累计折旧	16 000
生产成本	36 000	实收资本	750 000
库存商品	68 000	盈余公积	84 000
固定资产	49 000	利润分配	95 780

表 7－3　　有关明细账户余额表

单位：元

总账账户	明细账户	年末余额	
		借方	贷方
应收账款	应收 A 公司账款	9 400	
	应收 B 公司账款		2 400
应付账款	应付 C 公司账款		27 800
	应付 D 公司账款	12 900	
预付账款	预付 E 公司账款	6 700	
	预付 F 公司账款		400
预收账款	预收 G 公司账款		3 100
	预收 H 公司账款		2 000

现将以上资料整理计算后填列进资产负债表：

（1）“货币资金”项目，包括库存现金、银行结算户存款、外埠存款、银行汇票存款、银行本票存款、信用卡存款、信用保证金存款的合计数。根据“库存现金”和“银行存款”和“其他货币资金”的期末借方余额合并填列，460 + 120 000 + 21 000 = 141 460 元，“货币资金”项目下填 141 460 元。

（2）“交易性金融资产”项目，反映企业为交易目的所持有的债券投资、股票投资、基金投资等交易性金融资产的公允价值。本项目根据该科目的期末余额填列。

（3）“应收票据”项目反映企业收到的未到期收款未向银行贴现的应收票据，包括商业承兑汇票和银行承兑汇票。本项目根据“应收票据”科目的期末余额减去“坏账准备”科目中有关应收票据计提的坏账准备期末余额后的金额填列。

（4）“应收账款”项目反映企业因销售商品、产品和提供劳务等应向购买单位收取的各种款项，减去已计提的坏账准备后的净额。根据“应收账款”和“预收账款”两个总账科目所属明细科目期末借方余额之和减去“坏账准备”科目中有关应收账款计提的坏账准备期末余额后的金额填列。9 400 － 200 = 9 200 元，“应收账款”项目下填 9 200 元。

（5）“预付账款”项目，反映企业预付给供货单位的款项。本项目应根据“预付账款”和“应付账款”科目所属各明细科目的期末借方余额合计数，减去“坏账准备”科目中有关预付款项计提的坏账准备期末余额后的金额填列。

12 900 + 6 700 = 19 600 元，“预付账款”项目下填 19 600 元。

（6）“应收股利”项目，反映企业因股权投资而应收取的现金股利，企业应收其他单位的利润，也包括在本项目内。本项目应根据“应收股利”科目的期末余额减去“坏账准备”科目中有关应收股利计提的坏账准备期末余额后的金额填列。

（7）“应收利息”项目，反映企业因债权投资而应收取的利息。企业购入到期还本付息债券应收的利息，不包括在本项目内。本项目应根据“应收利息”科目的期末余额减去“坏账准备”科目中有关应收利息计提的坏账准备期末余额后的金额填列。

（8）“其他应收款”项目，反映企业除存出保证金、应收票据、应收账款、预付账款、应收股利、应收利息、长期应收款等以外的其他各种应收及暂付款项。本项目应根据“其他应收款”科目的期末余额，减去“坏账准备”科目中有关其他应收款计提的坏账准备期末余额后的金额填列。

（9）“存货”项目，反映企业期末在库、在途和在加工中的各项存货的可变现净值，包括各种材料、商品、在产品、半成品、包装物、低值易耗品、分期收款发出商品、委托代销商品、受托代销商品等。本项目应根据“在途物资”、“材料采购”、“原材料”、“低值易耗品”、“自制半成品”、“库存商品”、“包装物”、“分期收款发出商品”、“委托加工物资”、“委托代销商品”、“受托代销商品”、“生产成本”等科目的期末余额合计，减去“代销商品款”、“存货跌价准备”科目期末余额后的金额填列。材料采用计划成本核算，以及库存商品采用计划成本或销价核算的企业，还应按加或减材料成本差异、商品进销差价后的金额填列。691 860 + 36 000 + 68 000 = 795 860 元，“存货”项目下填 795 860 元。

（10）“一年内到期的非流动资产”项目反映企业将于一年内到期的非流动资产。本项目应根据“持有至到期投资”等账户的期末余额减去“持有至到期投资减值准备”账户的期末余额和到期日在一年以上的持有至到期投资后的金额填列。

（11）“其他流动资产”项目反映企业除以上流动资产项目外的其他流动资产的实际成本，应根据有关账户的期末余额填列。

（12）“可供出售金融资产”项目反映企业持有的可供出售金融资产的公允价值。包括划分为可供出售的股票投资、债券投资等金融资产。

（13）“持有至到期投资”项目反映企业持有至到期投资的摊余成本减去企业持有至到期投资的减值准备。

（14）“长期股权投资”反映企业不准备在一年内（含一年）变现的各种股权性质的可收回金额。本项目应根据“长期股权投资”科目的期末余额，减去“长期股权投资减值准备”科目的期末余额后的金额填列。

（15）“固定资产”项目反映企业的各种固定资产原价减去累计折旧和累计减值准备后的净额。这个项目应根据“固定资产”科目的期末余额减去“累计折旧”和“固定资产减值准备”科目的期末余额后的金额填列。49 000 - 16 000 = 33 000元，“固定资产”项目应填33 000元。

（16）“固定资产清理”项目反映企业因出售、毁损、报废等原因转入清理但尚未清理完毕的固定资产的账面价值，以及固定资产清理过程中所发生的清理费用和变价收入等各项金额的差额。本项目应根据“固定资产清理”科目的期末借方余额填列。如“固定资产清理”科目期末为贷方余额，以“-”号填列。

（17）“无形资产”项目反映企业各项无形资产如专利权、非专利技术、商标权、著作权、土地使用权等的期末可收回金额。本项目应根据“无形资产”科目的期末余额减去“无形资产减值准备”科目期末余额后的金额填列。

（18）“商誉”项目反映企业合并中形成的商誉价值。本项目应根据“商誉”账户的期末余额减去“商誉减值准备”后的金额填列。

（19）“长期待摊费用”项目反映企业尚未摊销的摊销期限在一年以上（不含一年）的各种费用，如租入固定资产改良支出、大修理支出以及摊销期限在一年以上（不含一年）的其他待摊费用。长期待摊费用中在一年内（含一年）摊销的部分，应在资产负债表的“待摊费用”项目填列。本项目应根据“长期待摊费用”科目的期末余额减去一年内（含一年）摊销的数额后的金额填列。

（20）“递延所得税资产”项目反映企业确认的可抵扣暂时性差异产生的递延所得税资产。本项目根据“递延所得税资产”科目的借方余额填列。

（21）“短期借款”项目反映企业借入尚未归还的一年期以下（含一年）的借款。本项目应根据“短期借款”科目的期末余额填列。

（22）“交易性金融负债”项目反映企业承担的交易性金融负债的公允价值。本项目根据“交易性金融负债”科目的期末贷方余额填列。

（23）“应付票据”项目反映企业为了购买材料、商品和接受劳务供应等而开出并承兑的尚未到期的应付票据，包括银行承兑汇票和商业承兑汇票。本项目应根据“应付票据”科目的期末余额填列。

（24）“应付账款”项目反映企业购买原材料、商品和接受劳务供应等而应付给供应单位的款项。本项目应根据“应付账款”和“预付账款”科目所属各有关明细科目的期末贷方余额合计填列，如“应付账款”科目所属各明细科目期末有借方余额，应在本表“预付账款”项目内填列。27 800 + 400 = 28 200元，应付账款项目下应填写28 200元。

（25）“预收账款”反映企业预收购买单位的账款。本项目应根据“预收账款”和“应收账款”科目所属各有关明细科目的期末贷方余额合计填列。如

“预收账款”科目所属有关明细科目有借方余额的，应在本表“应收账款”项目内填列。3 100 +2 000 +2 400 =7 500 元，“预收款项”下应填写 7 500 元。

(26)“应付职工薪酬”项目反映企业根据有关规定应付给职工的工资、职工福利、社会保险费、住房公积金、工会经费、职工教育经费、非货币性福利、辞退福利等各种薪酬。本项目根据“应付职工薪酬”账户的期末贷方余额填列。

(27)“应交税费”项目反映企业期末未交、多交或未抵扣的各种税费，包括增值税、消费税、营业税、所得税、资源税、土地增值税、城市维护建设税、房产税、土地使用税、车船税、教育费附加、矿产资源补偿费等。本项目应根据“应交税费”科目的期末贷方余额填列。如“应交税费”科目期末为借方余额，以“-”号填列。

(28)“应付利息”项目反映企业按照合同约定应支付的利息，本项目根据“应付利息”账户的期末贷方余额填列。

(29)“应付股利”反映企业分配的现金股利或利润。企业分配的股利不通过本项目列示，本项目应根据“应付股利”科目的期末余额填列。

(30)“其他应付款”反映企业除应付票据、应付账款、预收账款、应付职工薪酬、应付股利、应付利息、应交税费等经营活动以外的所有应付和暂收其他单位和个人的款项。本项目应根据“其他应付款”科目的期末余额填列。

(31)“一年内到期的非流动负债”项目反映企业将于一年内到期的非流动负债，本项目根据“长期借款”、“应付债券”、“长期应付款”等账户的期末余额，减去到期日在一年以上的“长期借款”、“应付债券”、“长期应付款”后的金额填列。

(32)“长期借款”反映企业借入尚未归还的一年期以上（不含一年）的借款本息。本项目应根据“长期借款”科目的期末余额填列。

(33)“应付债券”反映企业为筹集资金而发行的尚未偿还的各种长期债券的本息。本项目应根据“应付债券”科目的期末余额填列。

(34)“递延所得税负债”项目反映企业确认的应纳税暂时性差异产生的所得税负债。本项目应根据“递延所得税负债”科目的期末贷方余额填列。

(35)“实收资本（或股本）”反映企业各投资者实际投入的资本（或股本）总额。本项目应根据“实收资本（或股本）”科目的期末余额填列。

(36)“资本公积”反映企业资本公积的期末余额。本项目应根据“资本公积”科目的期末余额填列。

(37)“盈余公积”反映企业盈余公积的期末余额。本项目应根据“盈余公积”科目的期末余额填列。其中，法定公益金期末余额，应根据“盈余公积”科目所属的“法定公益金”明细科目的期末余额填列。

（38）“未分配利润”反映企业尚未分配的利润。本项目应根据“本年利润”科目和“利润分配”科目的余额计算填列。未弥补的亏损在本项目内以“-”号填列。

根据以上资产负债表的编制方法，将数据填入该表后如表7-4所示。

表7-4 **资产负债表**

编制单位：红星工厂 20××年3月31日 单位：元

资 产	行次	年初数	期末数	负债及所有者权益	行次	年初数	期末数
流动资产：				流动负债：			
货币资金	1		141 460	短期借款	28		50 000
交易性金融资产	2		20 000	交易性金融负债	29		
应收票据	3		60 000	应付票据	30		4 050
应收账款	4		9 200	应付账款	31		28 200
预付款项	5		19 600	预收款项	32		7 500
应收股利	6			应付职工薪酬	33		20 090
应收利息	7			应交税费	34		39 500
其他应收款	8			应付利息	35		
存货	9		795 860	应付股利	36		
一年内到期的非流动资产	10			其他应付款	37		
其他流动资产	11			一年内到期的非流动负债	38		
流动资产合计				其他流动负债	39		
非流动资产：				流动负债合计			
可供出售金融资产	12			非流动负债：			
持有至到期投资	13			长期借款	40		
长期应收款	14			应付债券	41		
长期股权投资	15			长期应付款	42		
投资性房地产	16			专项应付款	43		
固定资产	17		33 000	预计负债	44		
固定资产清理	18			递延所得税负债	45		

（续上表）

资　产	行次	年初数	期末数	负债及所有者权益	行次	年初数	期末数
生产性生物资产	19			其他非流动负债	46		
油气资产	20			非流动负债合计			
无形资产	21			负债合计			
开发支出	22			所有者权益（或股东权益）：	47		
商誉	23			实收资本（或股本）	48		750 000
长期待摊费用	24			资本公积	49		
其他长期资产	25			减：库存股	50		
递延所得税资产	26			盈余公积	51		84 000
其他非流动资产	27			未分配利润	52		95 780
非流动资产合计				所有者权益（或股东权益）合计			
资产合计			10 798 120	负债和所有者权益（或股东权益）合计			10 798 120

第三节　利润表的编制

一、利润表的概念和作用

利润表是反映企业在一定会计期间经营成果的报表，由于它反映的是某一期间（一个月、一个季度、半年或一年）的情况，所以，又称为动态报表。有时，利润表也称为损益表、收益表。

利润表把一定期间的营业收入与其同一会计期间相关的营业费用进行配比，以计算出企业一定期间的净收益或者净亏损。通过利润表反映的收入、费用等情况，能够反映企业生产、经营的收益和成本费用情况，表明企业生产经营成果。同时，通过利润表提供的不同时期的比较数字，可以分析企业今后利润的发展趋势及获利能力，了解投资人投入资本的保值、增值情况。由于利润既是企业经营业绩的综合体现，又是企业进行利润分配的主要依据，因此，利润表是会计报表中的一种基础报表。

二、利润表的结构与内容

利润表的格式主要有单步式和多步式。我国采用多步式利润表。

（1）单步式利润表。在单步式利润表中，首先要将企业一定期间的所有收入及所有费用、支出分别汇总，两者相减而得出本期净利润或所得税后利润。

（2）多步式利润表。多步式利润表则依据经营活动的性质，逐步列示每一阶段的经营成果。如表7－5所示。

表7－5 **利润表**

编制单位： 20××年度 单位：元

项目	本期金额	上期金额
一、营业收入		
减：营业成本		
营业税金及附加		
销售费用		
管理费用		
财务费用		
资产减值损失		
加：公允价值变动收益（净损失以“－”号填列）		
投资收益（净损失以“－”号填列）		
二、营业利润（亏损以“－”号填列）		
加：营业外收入		
减：营业外支出		
其中：非流动资产处置净损失（净收益以“－”号填列）		
三、利润总额（亏损总额以“－”号填列）		
减：所得税费用		
四、净利润（净亏损以“－”号填列）		
五、每股收益：		
（一）基本每股收益		
（二）稀释每股收益		

营业利润＝营业收入－营业成本－营业税费－销售费用－管理费用－财务费用－资产减值损失＋公允价值变动收益＋投资收益

利润总额＝营业利润＋营业外收入－营业外支出

净利润＝利润总额－所得税费用

上述公式中，营业收入包括主营业务收入和其他业务收入，营业成本包括主营业务成本和其他业务成本，资产减值损失包括企业计提的各项减值准备所形成的损失，公允价值变动收益是企业交易性金融资产等公允价值变动所形成的当期损益，投资收益包括企业对外投资所取得的收益。

三、利润表的编制方法

一般要求企业按月编制利润表，此外企业还应编制比较利润表。如果前期利润表的项目名称和内容与本期不一致，应对前期利润表项目的名称和内容按本期的规定进行调整，以便企业进行比较。

我国企业的利润表中各项目均需填列“本期金额”和“本期金额”两栏。其中“上期金额”栏内各个项目数字应根据上年该期利润表的“上期金额”栏内所列数字填写；“本期金额”栏内各期数字，除“每股收益”项目外，应当按照相关科目的发生额分析填列。

报表各项目主要根据各损益类科目的发生额分析填列，具体各项目内容及填列方法如下：

(1)“营业收入”项目反映企业经营活动所取得的收入总额。本项目应根据“主营业务收入”科目与“其他业务收入”科目的发生额分析填列。

(2)“营业成本”项目反映企业经营活动发生的实际成本。本项目应根据“主营业务成本”科目和“其他业务成本”科目的发生额分析填列。

(3)“营业税金及附加”项目反映企业经营活动应负担的营业税、消费税、城市维护建设税、资源税、教育费附加等。本项目应根据“营业税金及附加”科目的发生额分析填列。

(4)“销售费用”项目反映企业在销售商品、提供劳务的过程中发生的费用。本项目应根据“销售费用”科目的发生额分析填列。

(5)“管理费用”项目反映企业为组织和管理企业生产经营所发生的管理费用。本项目应根据“管理费用”科目的发生额分析填列。

(6)“财务费用”项目反映企业为筹集资金等而发生的财务费用。本项目应根据“财务费用”科目的发生额分析填列。

(7)“资产减值损失”项目反映企业各项资产发生的减值损失，本项目应根据“资产减值损失”科目的发生额分析填列。

(8)“公允价值变动收益”项目反映企业交易性金融资产、交易性金融负债以及采用公允价值模式计量的投资性房地产、衍生工具、套期保值业务等公允价值变动形成的应计入当期损益的利得或损失，本项目应根据“公允价值变动收益”科目的发生额分析填列；如为损失，则以“-”号填列。

(9)“投资收益”项目反映企业以各种方式对外投资所取得的收益。本项目应根据“投资收益”科目的发生额分析填列；如为投资损失，以“-”号填列。

(10)“营业利润”项目反映企业实现的营业利润。如为亏损，则以“-”号填列。

(11)“营业外收入”项目和“营业外支出”项目反映企业发生的与其生产经营无直接关系的各项收入和支出。这两个项目应分别根据“营业外收入”科目和“营业外支出”科目的发生额分析填列。

(12)“利润总额”项目反映企业实现的利润总额。如为亏损，则以“-”号填列。

(13)“所得税费用”项目反映企业按规定从本期损益中减去的所得税。本项目应根据“所得税费用”科目的发生额分析填列。

(14)“净利润”项目，反映企业实现的净利润。如为净亏损，则以“-”号填列。

(15)“基本每股收益”和“稀释每股收益”项目反映普通股股东每持有一股所能享受的企业利润或需承担的企业亏损。

现以兴华工厂20××年2月的资料为例填写利润表，2月该厂损益类账户的发生额如表7-6所示。

表7-6　**有关损益类账户累计发生额**　单位：元

账户名称	借方发生额	贷方发生额
主营业务收入		144 000
其他业务收入		4 200
投资收益		500
补贴收入		0
营业外收入		27 500
主营业务成本	72 000	

单位：元

账户名称	借方发生额	贷方发生额
营业税金及附加	7 200	
其他业务成本	18 000	
销售费用	15 000	
管理费用	10 000	
财务费用	5 000	
营业外支出	3 080	
所得税费用	19 384.2	

（1）营业收入 = 144 000 + 4 200 = 148 200（元）。

（2）营业成本 = 72 000 + 18 000 = 90 000（元）。

（3）营业利润 = 148 200 − 90 000 − 7 200 − 15 000 − 10 000 − 5 000 + 500 = 21 500（元）。

（4）利润总额 = 21 500 + 27 500 − 3 080 = 45 920（元）。

（5）净利润 = 45 920 − 19 384. 2 = 26 535. 8（元）。

现编制利润表如表 7 − 7 所示：

表 7 − 7

利润表

编制单位：兴华工厂

20 × ×年 2 月

单位：元

项目	本期金额	上期金额
一、营业收入	148 200	139 340
减：营业成本	90 000	85 000
营业税金及附加	7 200	6 700
销售费用	15 000	9 800
管理费用	10 000	13 000
财务费用	5 000	4 800
资产减值损失	—	—
加：公允价值变动收益（净损失以“ − ”号填列）	—	—
投资收益（净损失以“ − ”号填列）	500	450
二、营业利润（亏损以“ − ”号填列）	21 500	20 490
加：营业外收入	27 500	23 500

（续上表）

项目	本期金额	上期金额
减：营业外支出	3 080	5 000
其中：非流动资产处置净损失（净收益以“－”号填列）	—	—
三、利润总额（亏损总额以“－”号填列）	45 920	38 990
减：所得税费用	19 384.2	17 460
四、净利润（净亏损以“－”号填列）	26 535.8	21 530
五、每股收益：	—	
（一）基本每股收益		
（二）稀释每股收益		

第四节　现金流量表的编制

一、现金流量表的概念和作用

现金流量表是指反映企业在一定会计期间现金和现金等价物流入和流出的报表。现金是指企业库存现金以及可以随时用于支付的存款。现金等价物是指企业持有的期限短、流动性强、易于转换为已知金额现金、价值变动风险很小的投资。现金流量表是一张动态的报表，它帮助投资者、债权人评估企业未来的现金流量，进一步评估企业偿还债务、支付股利的能力及对外筹资的能力，同时便于报表使用者分析本期净利与经营活动现金流量差异的原因，可以弥补资产负债表和利润表提供信息的不足。

二、现金流量表的结构与内容

现金流量表首先要对企业的各项经营业务产生或运用的现金流量进行合理的分类。企业的现金流量是指某一时期内现金流入与流出的数量。通常企业的现金流量分为三类，即经营活动产生的现金流量、投资活动产生的现金流量、筹资活动产生的现金流量。

1. 经营活动产生的现金流量

经营活动是指企业投资活动和筹资活动以外的所有交易和事项。它包括销售商品、提供劳务、经营性租赁、购买商品、接受劳务、广告宣传、推销产品、交纳税款等产生的现金流入和流出。

2. 投资活动产生的现金流量

投资活动是指企业固定资产、在建工程、无形资产、其他资产等有期限的，在一年或一个营业周期以上的长期资产的购建和不包括在现金等价物范围内的投资及其处置活动。它包括取得和收回投资，购建和处置固定资产、无形资产和其他长期资产等产生的现金流入和流出。

3. 筹资活动产生的现金流量

筹资活动是指导致企业资本及债务规模和构成发生变化的活动。这里所说的资本，包括实收资本（股本）、资本溢价（股本溢价）。与资本有关的现金流入和流出项目，包括吸收投资、发行股票、分配利润等。这里的“债务”是指企业对外举债所借入的款项，如发行债券、向金融企业借入款项以及偿还债务等。

三、现金流量表的编制方法

现金流量表的编制方法有以下分类：

1. 总额法和净额法

总额法是指编制现金流量表中现金流入量、流出量分别以总额列示，收支互不相抵。

净额法是指现金流量表中按项目以收支相抵后净额列示。

现金流量表一般应当以总额反映，从而全面揭示现金流量的方向、规模和结构。但对于那些代客户收取或支付的现金以及周转快、金额大、期限短的项目的现金收入和支出应当以净额列示。

2. 直接法和间接法

直接法是通过现金收入和支出的主要类别反映来自企业经营活动的现金流量。

间接法是以本期净利润为起算点，调整不涉及现金的收入、费用、营业外收支以及有关项目的增减变动，据此计算出经营活动的现金流量。

我国现行会计准则规定采用直接法，同时要求在现金流量表附注中披露将净利润调节为经营活动现金流量的信息，也就是用间接法来计算经营活动的现金流量。

现金流量表的基本格式如表 7－8 所示。

表 7－8　　现金流量表

编制单位：　　20××年度　　单位：元

项目	本期金额	上期金额
一、经营活动产生的现金流量：		
销售商品、提供劳务收到的现金		
收到的税费返还		
收到其他与经营活动有关的现金		
经营活动现金流入小计		
购买商品、接受劳务支付的现金		
支付给职工以及为职工支付的现金		
支付的各项税费		
支付其他与经营活动有关的现金		
经营活动现金流出小计		
经营活动产生的现金流量净额		
二、投资活动产生的现金流量：		
收回投资收到的现金		
取得投资收益收到的现金		
处置固定资产、无形资产和其他长期资产收回的现金净额		
处置子公司及其他营业单位收到的现金净额		
收到其他与投资活动有关的现金		
投资活动现金流入小计		
购建固定资产、无形资产和其他长期资产支付的现金		
投资支付的现金		
取得子公司及其他营业单位支付的现金净额		
支付其他与投资活动有关的现金		
投资活动现金流出小计		
投资活动产生的现金流量净额		
三、筹资活动产生的现金流量：		
吸收投资收到的现金		
取得借款收到的现金		

（续上表）

项目	本期金额	上期金额
收到其他与筹资活动有关的现金		
筹资活动现金流入小计		
偿还债务支付的现金		
分配股利、利润或偿付利息支付的现金		
支付其他与筹资活动有关的现金		
筹资活动现金流出小计		
筹资活动产生的现金流量净额		
四、汇率变动对现金及现金等价物的影响		
五、现金及现金等价物净增加额		
加：期初现金及现金等价物余额		
六、期末现金及现金等价物余额		

第五节　所有者权益变动表的编制

所有者权益变动表是反映企业在某一特定日期所有者权益增减变动情况的报表，它是一张动态报表。所有者权益变动表全面反映了企业的股东权益在年度内的变化情况，便于会计信息使用者深入分析企业股东权益的增减变化情况，进而对企业的资本保值、增值情况作出正确判断，从而获得对决策有用的信息。

所有者权益变动表包括表首、正表两部分。其中，表首说明报表名称、编制单位、编制日期、报表编号、货币名称、计量单位等；正表是所有者权益变动表的主体，具体说明所有者权益变动表的各项内容，包括实收资本、资本公积、盈余公积和未分配利润的当期增减情况。每个项目中，又分为上年年末余额、本年年初余额、本年增减变动金额、本年年末余额四小项，每个小项中，又分别具体列示不同内容。

所有者权益变动表的格式如表 7－9 所示：

表 7－9

所有者权益变动表

编制单位：　　　　　　年度　　　　　　单位：元

项目	本年金额						上年金额					
	实收资本（或股本）	资本公积	减：库存股	盈余公积	未分配利润	所有者权益合计	实收资本（或股本）	资本公积	减：库存股	盈余公积	未分配利润	所有者权益合计
一、上年年末余额												
加：会计政策变更												
前期差错更正												
二、本年年初余额												
三、本年增减变动金额（减少以“－”号填列）												
（一）净利润												
（二）直接计入所有者权益的利得和损失												
1. 可供出售金融资产公允价值变动净额												
2. 权益法下被投资单位其他所有者权益变动的影响												
3. 与计入所有者权益项目相关的所得税影响												
4. 其他												
上述（一）和（二）小计												
（三）所有者投入和减少资本												
1. 所有者投入资本												

（续上表）

项目	本年金额						上年金额					
	实收资本（或股本）	资本公积	减：库存股	盈余公积	未分配利润	所有者权益合计	实收资本（或股本）	资本公积	减：库存股	盈余公积	未分配利润	所有者权益合计
2. 股份支付计入所有者权益的金额												
3. 其他												
（四）利润分配												
1. 提取盈余公积												
2. 对所有者（或股东）的分配												
3. 其他												
（五）所有者权益内部结转												
1. 资本公积转增资本（或股本）												
2. 盈余公积转增资本（或股本）												
3. 盈余公积弥补亏损												
4. 其他												
四、本年年末余额												

第六节　基本的财务比率分析

在分析企业财务状况时最为广泛使用的方法就是财务比率分析，它是根据企业主要财务报表提供的财务信息进行的数据分析，可以用来比较不同企业的收益与风险，从而帮助投资者和债权人作出理性的决策。

基本财务比率可以分为资产管理、偿债能力、获利能力三类。

（一）反映资产管理的指标

资产管理是以企业各项资产的周转速度来衡量企业资产利用的效率。周转速度越快，表明企业的各项资产进入生产、销售等经营环节的速度就越快，那么其形成收入和利润的周期就越短，经营效率自然就越高。一般来说，资产管理包括以下五个指标：

1. 应收账款周转率

应收账款周转率是反映应收账款周转速度的比率，有两种表示方法：应收账款周转次数和应收账款周转天数。

应收账款周转次数用来反映年度内应收账款平均变现的次数。计算公式为：

$$应收账款周转次数=\frac{销售收入净额}{应收账款平均余额}$$

其中，

$$销售收入净额=销售收入-销售退回、折让、折扣$$

$$应收账款平均余额=（期初应收账款+期末应收账款）\div 2$$

注意：应收账款平均余额是指未扣除坏账准备的应收账款金额。

应收账款周转次数是一个正向指标，周转次数越多，说明应收账款的变现能力越强，企业应收账款的管理水平越高；周转次数越少，说明应收账款的变现能力越弱，企业应收账款的管理水平越低。

应收账款周转天数用来反映年度内应收账款平均变现一次所需要的天数。计算公式为：

$$应收账款周转天数=\frac{360}{应收账款周转次数}=\frac{应收账款平均余额\times 360}{销售收入净额}$$

应收账款周转天数是一个反向指标，周转天数越少，周转次数越多，说明应收账款的变现能力越强，企业应收账款的管理水平越高；周转天数越多，周转次数越少，说明应收账款的变现能力越弱，企业应收账款的管理水平越低。

2. 存货周转率

存货周转率是反映存货周转速度的比率，也有两种表示方法：存货周转次数和存货周转天数。

存货周转次数反映年度内存货平均周转的次数，计算公式为：

$$存货周转次数=\frac{销货成本}{平均存货}$$

其中，

$$平均存货=\frac{(期初存货+期末存货)}{2}$$

存货周转次数越多，说明存货周转快，企业实现的利润会相应增加，企业的存货管理水平就越高；存货周转次数越少，说明企业占用在存货上的资金越多，存货管理水平就越低。

存货周转天数反映年度内存货平均周转一次所需要的天数，计算公式为：

$$存货周转天数=\frac{360}{存货周转次数}=\frac{平均存货\times 360}{销货成本}$$

存货周转天数越少，周转次数越多，说明存货周转快，企业实现的利润会相应增加，企业的存货管理水平就越高；存货周转天数越多，周转次数越少，说明企业占用在存货上的资金越多，存货管理水平就越低。

3. 固定资产周转率

固定资产周转率是企业销售收入净额与固定资产平均净值的比率。其计算公式为：

$$固定资产周转率=\frac{销售收入净额}{固定资产平均净值}$$

比率越高，表明固定资产周转速度越快，固定资产的闲置越少；反之则固定资产的使用率不高。当然，这一比率也不是越高越好，太高则表明固定资产过分使用，会缩短固定资产的寿命。

4. 流动资产周转率

分析企业的经营效率一般用流动资产周转率来标识其速度的快慢及利用效率。其计算公式为：

$$流动资产周转率=\frac{销售收入净额}{流动资产平均余额}$$

流动资产周转率越高，表示企业流动资产周转速度越快，利用效率越高。

5. 总资产周转率

总资产周转率是企业一定时期的销售收入净额与总资产平均值之比，它是衡量资产投资规模与销售水平之间配比情况的指标。其计算公式为：

$$总资产周转率=\frac{销售收入净额}{总资产平均值}$$

销售收入净额是当期销售总额减去销售折扣以后的数额，总资产平均值是指企业全部资产的年初数与年末数的平均值。

该项指标反映资产总额的周转速度。周转率越高，说明总资产周转越快，反映出销售能力强，资产投资的效益好。

（二）反映偿债能力的指标

偿债能力是指企业对各种债务的偿还能力。企业的偿债能力包括短期偿债能力和长期偿债能力。反映短期偿债能力的指标有流动比率、速动比率，长期偿债能力指标有资产负债率、产权比率等。

1. 流动比率

流动比率也称营运资金比率，是衡量公司短期偿债能力最通用的指标。其计算公式如下：

$$流动比率=\frac{流动资产}{流动负债}$$

这一比率越大，表明公司短期偿债能力越强，也表明公司有充足的营运资金；反之，说明公司的短期偿债能力不强，营运资金不充足。一般财务良好的公司，其流动资产应远高于流动负债，起码不得低于1∶1，一般认为大于2∶1较为合适。但这一比率也不是越高越好。流动比率过高，虽然表示企业资金流动性强，但并不能说明一定有足够的现金可以还债，比如由于应收账款和存货余额过大而引起的流动比率过大，因此还要结合现金流量进行分析。

2. 速动比率

速动比率是指速动资产同流动负债的比率，即企业用以偿付流动负债所具有的速动资产额。其计算公式为：

$$速动比率=\frac{速动资产}{流动负债}$$

速动资产是企业在短期内可变现的资产，等于流动资产减去存货后的金额，包括货币资金、短期投资和应收账款等。

一般情况下，速动比率越高，说明资产的流动性越强，短期偿债能力也越强；速动比率越低，说明资产的流动性越弱，短期偿债能力也越弱。如果保持在1∶1，则流动负债的安全性较有保障。

3. 资产负债率

资产负债率指企业负债总额与资产总额的比率。它表明企业债权人提供的资金占资产总额的比重，可以衡量企业资产对债权人权益的保障程度。其计算公式为：

$$资产负债率=\frac{负债总额}{资产总额}$$

一般情况下，资产负债率越小，表明企业总资产中由债权人提供的资金越少，企业财力较强，长期偿债能力越强；反之资产负债率越大，反映企业总资产中由债权人提供的资金越多，企业的负债也越多，偿还债务的能力就越弱。

4. 产权比率

产权比率也称负债对所有者权益的比率，是指企业负债总额与所有者权益总额的比率。其计算公式如下：

$$产权比率=\frac{负债总额}{所有者权益总额}$$

产权比率用来表明由债权人提供的和由投资者提供的资金来源的相对关系，反映出企业基本财务结构的稳定与否。产权比率越低，即企业负债资金相对于投资人的资金越少，企业偿债能力越强；反之，债权人受所有者权益保障程度越低，企业偿债能力越弱。

（三）反映获利能力的指标

1. 资产利润率

资产利润率是企业净利润与资产平均总额的比率，计算公式为：

$$资产利润率=\frac{净利润}{资产平均总额}$$

其中，

$$资产平均总额=\frac{期初资产总额+期末资产总额}{2}$$

资产利润率越高，说明企业利用全部资产的获利能力越强；资产利润率越低，说明企业利用全部资产的获利能力越弱。资产利润率与净利润成正比，与资产平均总额成反比。

2. 销售净利率

销售净利率是企业净利润与销售收入的比率，计算公式为：

$$销售净利率=\frac{净利润}{销售收入}$$

该指标是反映企业获利能力的一项重要指标，指标越高，说明企业从销售收入中获取净利润的能力越强；指标越低，说明企业从销售收入中获取净利润的能力越弱。

3. 权益报酬率

权益报酬率是净利润与所有者权益平均余额的比率，其计算公式是：

$$权益报酬率=\frac{净利润}{所有者权益平均余额}$$

该指标反映一元股东资本赚取的净收益。权益报酬率越高，说明企业所有者权益的获利能力越强；权益报酬率越低，说明企业所有者权益的获利能力越弱。该指标体现了自有资本获得净收益的能力。

影响权益报酬率的因素除了企业的获利水平和所有者权益平均余额大小以外，企业负债的多少也影响它的高低，一般来说负债增加会导致权益报酬率上升。

复习思考题

1. 什么是财务会计报告？财务会计报告的意义是什么？
2. 什么是会计报表？
3. 资产负债表的结构是怎样的？怎样编制资产负债表？
4. 什么是利润表？它的结构是怎样的？怎样编制利润表？
5. 偿债能力分析常使用哪些指标？
6. 获利能力分析常使用哪些指标？

一、名词解释

1. 财务会计报告　2. 会计报表　3. 资产负债表

4. 利润表　5. 现金流量表

二、填空题

1. 财务会计报告是指单位对外提供的反映企业某一特定日期和某一会计期间________、__________等会计信息的文件。

2. 完整的财务会计报告由________、__________和财务情况说明书组成。

3. 会计报表是财务会计报告的核心，按其反映的经济内容不同，分为________、______、__________和__________。

4. 资产负债表是反映企业在某一特定日期________的报表，是静态报表。它是根据“________”会计等式编制的。

5. 国际上资产负债表通常有________和________两种格式，而我国的资产负债表采用的是______。

6. 资产负债表中“货币资金”项目根据“____”、“______”和“________”的期末借方余额合并填列。

7. 利润表是反映企业在一定会计期间__________的报表，它反映的是某一期间（一个月、一个季度、半年或一年）的情况。

8. 现金流量表是以________为基础编制的。

9. 所有者权益变动表是反映企业在某一特定日期__________增减变动情况的报表，它是一张动态报表。

10. 财务比率分析是根据企业主要________提供的财务信息而进行的数据分析，从而帮助投资者和债权人作出理性的决策。

11. 资产管理是以企业各项资产的________来衡量企业资产利用的效率。

三、单项选择题

1. 按（　　）的不同，会计报表分为资产负债表、利润表和现金流量表。

A. 报送的对象　　B. 编制的单位

C. 反映的内容　　D. 会计要素

2. 我国资产负债表采用的格式是（　　）。

A. 账户式　　B. 报告式

C. 单步式　　D. 多步式

3. 编制资产负债表所依据的会计等式是（　　）。

A. 收入 - 费用 = 利润

B. 资产 = 负债 + 所有者权益

C. 借方发生额 = 贷方发生额

D. 期初余额 + 本期借方发生额 - 本期贷方发生额 = 期末余额

4. 资产负债表中资产的排列顺序是按（　　）。

A. 项目收益性　　B. 项目重要性

C. 项目流动性　　D. 项目时间性

5. “货币资金”项目的填制依据不包括（　　）。

A. 库存现金　　B. 银行存款

C. 其他货币资金　　D. 有价证券

6. 在填制“应收账款”项目时与其无关的项目是（　　）。

A. 应收账款　　B. 预收账款

C. 预付账款　　D. 坏账准备

7. 某企业会计年度的期末应收账款所属明细账户借方余额之和为 500 800 元，所属明细账户贷方余额之和为 9 800 元，总账为借方余额 491 000 元。则在当期资产负债表“应收账款”项目所填列的数额为（　　）。

A. 500 800 元　　B. 9 800 元

C. 491 000 元　　D. 510 600 元

8. 资产负债表中“未分配利润”项目，应根据（　　）科目的期末余额填列。

A. 应付利润　　B. 利润分配

C. 本年利润　　D. 本年利润和利润分配

9. 资产负债表的下列项目中，需要根据几个总账科目的期末余额进行汇总填列的是（　　）。

A. 应付职工薪酬　　B. 短期借款

C. 货币资金　　D. 资本公积

10. （　　）是反映企业经营成果的会计报表。

A. 资产负债表　　B. 利润表

C. 现金流量表　　D. 会计报表附注

11. 我国的利润表采用（　　）。

A. 单步式　　B. 多步式

C. 账户式　　D. 报告式

12. 编制利润表主要是根据（　　）。

A. 资产、负债及所有者权益各账户的本期发生额

B. 资产、负债及所有者权益各账户的期末余额

C. 损益类各账户的本期发生额

D. 损益类各账户的期末余额

13. 下列各项中，不会影响营业利润金额增减的是（　　）。

A. 资产减值损失　　B. 财务费用

C. 投资收益　　D. 营业外收入

14. 如果企业本月利润表中的主营业务利润为 1 000 万元，其他业务利润为 500 万元，销售费用为 30 万元，管理费用为 70 万元，财务费用为 50 万元，则营业利润应填（　　）万元。

A. 1 000　　B. 1 500

C. 1 400　　D. 1 350

15. 可以反映企业的短期偿债能力和长期偿债能力的报表是（　　）。

A. 利润表　　B. 利润分配表

C. 资产负债表　　D. 现金流量表

16. 下列报表中，属于静态报表的是（　　）。

A. 资产负债表　　B. 利润表

C. 财务情况说明书　　D. 现金流量表

17. 长期资产的购建和处置活动，应在现金流量表的（　　）中反映。

A. 经营活动　　B. 投资活动

C. 筹资活动　　D. 融资活动

18. 会计报表附注是指会计报表正式项目之外的资料，通常不采用（　　）的形式表示。

A. 数字图表　　B. 文字

C. 表格　　D. 文字加数字图表

19. 下列项目中，（　　）是会计核算的最后环节。

A. 登记会计账簿　　B. 编制会计报表

C. 分析会计报表　　D. 考核经营业绩

20. 反映企业资产管理能力的指标是（　　）。

A. 存货周转率　　B. 流动比率

C. 资产负债率　　D. 权益报酬率

四、多项选择题

1. 财务会计报告的内容包括（　　）。

A. 会计报表　　B. 会计报表附注

C. 会计报表说明书　　D. 财务情况说明书

2. 财务会计报告至少应包括（　　）。

A. 资产负债表　　B. 利润表

C. 现金流量表　　D. 附注

3. 下列报表中，属于动态报表的是（　　）。

A. 资产负债表　　B. 利润表

C. 财务情况说明书　　D. 现金流量表

4. 在下列会计报表中，属于月报的是（　　）。

A. 资产负债表　　B. 利润表

C. 现金流量表　　D. 财务情况说明书

5. 会计报表的编制要求包括（ ）。
A. 数字真实　B. 便于理解
C. 内容完整　D. 编报及时
E. 计算准确

6. 会计报表按编报的时间不同，可分为（ ）。
A. 月报　B. 季报
C. 半年报　D. 年报

7. 会计报表按编制的单位不同，可分为（ ）。
A. 单位报表　B. 汇总报表
C. 对外报表　D. 对内报表

8. 会计报表按报送的对象不同，可分为（ ）。
A. 单位报表　B. 汇总报表
C. 对外报表　D. 对内报表

9. 通过资产负债表可以反映（ ）。
A. 企业的资产构成　B. 企业的偿债能力
C. 企业的资本结构　D. 实收资本

10. 填制资产负债表"存货"项目的主要依据有（ ）。
A. 原材料　B. 生产成本
C. 材料成本差异　D. 存货跌价准备

11. 利润表中的营业利润是由（ ）构成的。
A. 营业收入　B. 营业成本
C. 资产减值损失　D. 所得税费用

12. 通过利润表可以反映（ ）。
A. 企业的收入情况　B. 企业的费用情况
C. 企业的偿债能力　D. 企业的获利能力

13. 现金流量表的内容主要包括（ ）。
A. 经营活动现金流量　B. 管理活动现金流量
C. 投资活动现金流量　D. 筹资活动现金流量

14. 现金流量表中的"现金"是指（ ）。
A. 现金　B. 银行存款
C. 股票　D. 现金等价物

15. 现金等价物是指（ ）的投资。
A. 期限短　B. 价值较小
C. 流动性强　D. 易于转换为已知金额的现金
E. 价值变动风险较小

16. 在资产负债表的编制过程中，属于直接填列的项目是（　　）。

A. 货币资金　　B. 应收账款

C. 固定资产原价　　D. 实收资本

17. 基本财务比率可以分为（　　）大类。

A. 资产管理　　B. 偿债能力

C. 获利能力　　D. 营运能力

五、判断题

1. 一套完整的财务报表至少应当包括资产负债表、利润表、现金流量表、所有者权益变动表和附注等部分。(　　)

2. 季度、月度财务会计报告通常仅指财务报表，至少应该包括资产负债表、利润表和现金流量表。(　　)

3. 我国资产负债表要求采用账户式结构。(　　)

4. 资产负债表是总括反映企业特定日期资产、负债和所有者权益情况的动态报表，通过它可以了解企业的资产构成、资金的来源构成和企业债务的偿还能力。(　　)

5. 实际工作中，为使财务报表及时报送，企业可以提前结账。(　　)

6. 资产负债表中“固定资产”项目应根据“固定资产”账户余额减去“累计折旧”、“固定资产减值准备”等账户的期末余额后的金额填列。(　　)

7. 资产负债表中的“货币资金”项目，应根据“银行存款”账户的期末余额填列。(　　)

8. 我国企业利润表要求采用单步式。(　　)

9. 营业利润减去管理费用、销售费用、财务费用和所得税费用后得到净利润。(　　)

10. 利润表中“营业成本”项目，反映企业销售产品和提供劳务等主要经营业务的各项销售费用和实际成本。(　　)

11. 利润表“本期金额”栏内各项数字一般应根据损益类账户的发生额分析填列。(　　)

12. 所有者权益变动表是反映构成所有者权益的各组成部分当期的增减情况的报表。(　　)

六、业务题

练习一

目的：练习资产负债表的填制方法。

资料：某公司20××年7月末有关明细账户余额如下：

应收账款——甲公司30 331元（借方）

应付账款——乙公司 36 603 元（贷方）
预收账款——丙公司 40 905 元（借方）
——丁公司 40 076 元（贷方）
预付账款——长江公司 32 007 元（借方）
——南方公司 31 528 元（贷方）

要求：计算下列资产负债表中的数据。

1. 该公司 20××年7月末资产负债表中的“应收账款”为多少元？
2. 该公司 20××年7月末资产负债表中的“应付账款”为多少元？
3. 该公司 20××年7月末资产负债表中的“预收账款”为多少元？
4. 该公司 20××年7月末资产负债表中的“预付账款”为多少元？

练习二

目的：练习编制资产负债表。

资料：某工厂 20××年8月31日各总分类账户余额如下表所示。

账户名称	借方余额	账户名称	贷方余额
库存现金	460	短期借款	43 000
银行存款	21 650	应付账款	57 300
应收账款	28 000	应付职工薪酬	20 000
其他应收款	1 350	应交税费	43 080
原材料	198 000	累计折旧	340 000
生产成本	30 400	本年利润	197 600
库存商品	60 870	实收资本	661 000
固定资产	790 000	盈余公积	48 271
利润分配	279 521		
合计	1 410 251	合计	1 410 251

要求：根据以上总分类账户余额资料，编制该工厂 20××年8月31日的资产负债表。

练习三

目的：练习利润表的编制。

资料：某工厂20××年9月份有关明细资料如下所示。

各损益类账户发生额有：

“主营业务收入”255 000元，“主营业务成本”133 000元，“营业税金及附加”11 600元，“营业费用”3 400元，“管理费用”10 060元，“财务费用”2 300元，“投资收益”8 000元，“营业外收入”5 000元，“营业外支出”2 000元，“所得税费用”25 460.3元。

要求：根据以上有关损益类账户发生额资料，编制该工厂20××年9月份的利润表。

练习四

目的：练习财务比率分析评价指标的运用。

资料：某工厂20××年度有关数据资料如下：

流动资产	130万元	流动负债	46万元
速动资产	75万元	负债总额	79万元
资产总额	244万元	应收账款	2.456万元
平均存货	50万元	销售收入净额	1 264万元
利润额	820万元	实收资本	150万元

要求：

计算下列指标：

1. 流动比率
2. 速动比率
3. 资产负债率
4. 流动资产周转率
5. 资本利润率
6. 销售净利率